AL ALBA

ISRAEL SELASSIE

PIPPA
PASSES

Israel Selassie
Al alba
Buenos Aires Poetry, 2025
128 pp.; 13,34 cm. x 20,32 cm.
ISBN 978-631-6688-04-0
Poesía Española

Editorial ©Buenos Aires Poetry

Colección ©Pippa Passes

Diseño editorial ©Camila Evia

BUENOS AIRES POETRY

BUENOS AIRES POETRY

editorial@buenosairespoetry.com

www.editorialbuenosairespoetry.com

Al alba

Israel Selassie

OCASO								p. 09

Al abrigo de un recuerdo						p. 10
Jaula								p. 11
Si por el resto fuera						p. 12
Rumbo								p. 13
Flor en la trinchera						p. 14
Oí el silencio							p. 16
Espinas, jaras y rosales						p. 17
Modernidad							p. 20
Profecía								p. 26
Autenticidio							p. 27
Ocaso								p. 37

LA NOCHE							p. 39

Literatura								p. 40
Tampoco yo sabía							p. 40
Fui Adán								p. 42
Crearse								p. 43
Quiero amar							p. 44
El idioma del tiempo						p. 44
Erotismo malentendido						p. 46
De la paz								p. 49
El pulso								p. 50
La Tabla Esmeralda						p. 51
Las mayores recompensas						p. 51
Pequeños poemas							p. 52
A veces las arrugas						p. 54
El laberinto							p. 55
La sombra								p. 56
Un gigante							p. 56
La noche del felino						p. 57
Deshielo								p. 59
Orografía de los crecimientos					p. 60
El primer paso							p. 63
Tuyo								p. 64
La voz de los hombres						p. 65

Quien sigue al corazón`   *p.* 68

Tan sólo aguanta   *p.* 69

Llama   *p.* 72

El aliento   *p.* 77

El día que me vaya   *p.* 78

Verso estoico   *p.* 80

La lección (2024)   *p.* 81

La noche   *p.* 82

AL ALBA   *p.* 85

Vivir: nacer o morir   *p.* 86

Irán delante   *p.* 86

En esa misma hoguera   *p.* 87

El sueño del guerrero   *p.* 88

Utopía   *p.* 89

Creeremos   *p.* 90

Alquimia   *p.* 91

La voz de la poesía   *p.* 92

La herencia   *p.* 94

Galaxias   *p.* 95

Gota a gota   *p.* 97

Al pasado   *p.* 98

Bandera   *p.* 100

Tu abrigo   *p.* 101

El rubí   *p.* 101

Arte y Redención   *p.* 102

Antes del altar   *p.* 103

Que vine sólo a amar   *p.* 105

Bodas en el Cielo   *p.* 107

Siento un alma   *p.* 108

Casi un sueño   *p.* 108

Flor en la adversidad   *p.* 109

El chicle   *p.* 112

Al alba   *p.* 113

Sobre el autor   *p.* 127

A la voz de los que leen

✳

En el umbral del ocaso el día rompe
sus espejos para conciliar el sueño
ALI AHMAD SAID ESBER

Entre más oscura la noche,
más brillantes las estrellas
OSHO

Quien la alegría besare en su aleteo
vive en el alba de la eternidad
WILLIAM BLAKE

OCASO

Dibuja el mar la infinidad.
Hacia la línea ocre el Sol desciende
y la mirada del ancestro asciende
forjando así la eternidad.
 Es una idoneidad ardiente
y sobre este océano que es un pañuelo,
líquido y del color del caramelo,
surca el infinito   un barco silente.
 Callamos yendo al mismo paso
cuando el Sol se amaga, urdido su plan;
desde el carajo suspira el capitán
pues es éste *el postrero ocaso*.

Al abrigo de un recuerdo

Al abrigo de un recuerdo
tiempo atrás yo me perdí
oculto de mí mismo
y en olvido me volví.

Al abrigo de un recuerdo
las horas pliegan sus arrugas,
y en cada doblez
     los minutos rompen
          las agujas del reloj.
Las mañanas melodian salmodias,
el mediodía irrumpe como un rayo,
la tarde sabe a vinos agrios
y toda noche es La Noche
al abrigo de un recuerdo.
Son sus fibras finas hebras
que no filtran la luz y sí el frío,
apenas cabe una frase en sus bolsillos
y a cada paso su pelaje se hace nada.

Al abrigo de un recuerdo
tiempo atrás yo me perdí
oculto de mí mismo
y en mi olvido me volví.

Si la gelidez helara tus sentidos
y te vieras tentado a mirar atrás,
agradece a las piedras del sendero
que te hayan hecho tropezar.
Cuando quiere uno olvidar
mejor que batallar es perdonar,

pues a quien por rival tiene al recuerdo
sólo la muerte de él se acuerda.
Pero quien que al alba viera una luz
y en ella quisiera al fin sumergirse,
que camine y que pise firme al frente,
pues más lejos que quien sabe a dónde
ir llegan los navíos que, bajo la tormenta,
deciden ir a la deriva.

Al abrigo de un recuerdo tiempo atrás yo me perdí.
El mundo quiso hacerme cuerdo
y del propio olvido renací.

Jaula

En qué jaula te han metido
que ahora que quiere faltar el empeño
te sientes muerto porque en ti
ya no corre en las lágrimas pasión,
y por lograr ser todo lo sano y puro
que antes no eras, y ahora que la privación
ha revestido con voluntad su muro,
crees que podría decirse que tu pecado
es sentir el peso de la responsabilidad insomne
alentada por los dolores del pasado
que no quieres que otros vivan.
    En qué jaula te han metido
y cómo, cómo y cuándo permitiste
que aniquilaran de un barrido
el corazón que un día fuiste,
por el afán de perseguir el sueño

de algo que siempre habitó en ti.

   ¿Buscas renombre, fama o no ser dueño
de una ilusión que jamás será aquí
más real que la ilusión imperceptible
con la que lo ves todo imposible?

   Dime, dime cómo es esa jaula,
relátame el fervor de tus fiebres
con que creas laberintos sin salida.

   Dime, dime cómo es esa jaula,
que jugaremos a hacer requiebres
a los que dicen hoy que estás perdida.

Si por el resto fuera

Si por el resto fuera tendría hijos
sería padre   bisexual   amante loco
         o gay,
no tan tenaz amigo y muy traidor
raudo locuaz a todas horas,
pero siempre igual de melancólico.
   Si por el resto fuera sería invencible
enérgico decidido, íntegro de coraje armado,
quizá mejor amante,
aún más condescendiente, alegre
taimado rojo muy directo, dañino
un facha pretencioso
soberbio   malo | el héroe |
quizá muy sabido, puro impulso o un rey:
ante todo, mejor escritor,
menos hablador, el perfecto callado
un tímido o un ser más que retraído.

Podría ser este colorario y más,
podría abandonarme a ser un catálogo
o escogerme entre un muestrario,
pero entonces sería las voces ajenas.
    Me habría alejado, entonces, de la cuestión
y usted no leería esto ahora:
donde toda autenticidad mora
antes lo hacía una convención.

Rumbo

Me he pasado media vida
amando a gente que jamás me amó
y seguro que otras gentes me han amado,
gentes a la que seguro no presté atención.
    Intuyo un rumbo nuevo y mi timón
me manda a la senda del horizonte bañado
por el ocaso dorado sin fin.
    Late ahora en mí un corazón sanado,
y noto en cada pulso los surcos que han dejado
desamores, autoodio, riesgo y valentía.

Vibra mi respiración por hallar en el confín
más valor
que el amor que yo no di
a quien sí me amó me dio;
Vibra el cuerpo entero por sembrar en ti
        más felicidad
que el amor que yo daré
a quien sí me ame otorgará.

Flor en la trinchera

A Núria Sala i Ventura

I

De todas a las que hoy recuerdo hay una
a quien hice daño y sin querer herí,
no por sentir amor certero por mí
ni haber deshojado su flor de luna.

Fue un rayo, fue Sofía, fue Fortuna
cultivando entre el mal fario un alhelí
pareciéndome a mí, que estaba allí
soñando el Cielo en su melena bruna.

Y se la tiñó de rubio el día después
de habérsela yo teñido en el lienzo…
y era otoño, pero no primavera.

Van más de tres años desde aquel revés.
Deseo que sepa que ella fue el comienzo,
que siempre será *flor en la trinchera*.

II

Soñé contigo antes de verte anclada
en los colores de un lienzo hecho cristal,
con la mirada esmeralda y sensual
y el aliento aguantando en una nada.

Cuando te vi mi vida era una espada,
tú, *flor en la trinchera*, y aquel local,
engaño vestido de trampa mortal
queriendo aniquilar la madrugada.

Y al fin un rayo azul partió los cielos
trayendo, con tres tormentas, el broche
de diamante a una historia de rubíes.

Bramará la verdad ya sin recelos
y lloverá sin fin toda la noche
cuando hayan de brotar los alhelíes.

III

Recuerdo que allí estabas tú presente
la tarde en la que me vi victorioso,
pues te habían dorado el pelo hermoso
los trazos de un lápiz poco corriente.

Fue demasiado azar para una mente
acostumbrada a un devenir furioso
que, cuando no avanzaba silencioso,
a golpe de cuerno lo hacía ardiente.

Así me giré, *flor en la trinchera,*
por ver si nos daríamos el adiós
o si agacharíamos la cabeza.

Nos despedimos casi en primavera
desde el otoño en el que, partido en dos,
creí haber conocido a la Belleza.

IV

Es hoy, desde esta habitación vacía,
que de ti me despido recordando
cómo es que los que se van saludando
lo hacen habiendo en su alma todavía

anhelo, amor, gozo y compañía,
avatares de este mundo nefando
entre capas fueron depositando
aunque su amor oliera a poesía.

Hoy te lleva mi espíritu en volandas,
hoy evoco al fin tu piel de leche y miel;

en un cajón guardaré *tu* luz lunar,
  pues hoy mis ojos dejaron de llorar;
arderá tu flama en el recuerdo fiel,
llama tú, luz de calas y lavandas.

Oí el silencio

Oí un día el silencio.
Estaba rodeado de montañas,
alturas, verde y gente
desconocida.
En lo alto callamos y ni los pájaros
gorjeaban, sólo el canto
vacío entre el mutismo
de todo instante.
Estábamos lejos de la ciudad
y los segundos se disfrazaron:
se mimetizaron con las horas
que tampoco hoy existen.

Espinas, jarales y rosales

A una Jara

I

En los abismos hay océanos
revestidos de claroscuros
esperando a ser vistos
con ojos de contemplación.
En el fondo de un recuerdo
 la memoria es azul
y los momentos baldíos
un campo fértil
espinas,
          jaras
              y rosales.
En lo profundo del pozo
 de verdad que sólo hay luz
ardiente y sedienta,
sola y expectante
a que alguien le recuerde
que allí habita la razón.
Hoy tu ímpetu es volver
a ser latir del corazón.

II

En lo abisal de tu memoria
residen los ultramarinos
los colores claroscuros
y el aroma del incienso.
En el instante previo a tu recuerdo
nacen ríos hacia arriba

las aguas a contracorriente de sí mismas
y el caudal que tú elegiste.
En las esquinas de tu alma
hallan motivos los rencores
para verter de negros tus valles
y de ultramares tus humores.
En el umbral de tu mirada
los desalientos, los antiguos sinsabores,
podrían haber muerto
    a golpe
                  de pregunta
                     o de respuesta.

III

En los recovecos de este recuerdo
tu memoria es azul,
se tiñe de lava el telón de fondo
y a los mares les falta sal
para alimentar tus lágrimas.
Ruge, entonces.
Ruge y colma de gotas
los cielos que vendrán.

IV

En el albor que tu pupila irradia
se esconden historias nunca vistas
reminiscencias por alentar,
memorias por crear.
En el candor que tu sonrisa clama
reviven de un gruta los ecos
que murieron de soledad

por no ser escuchados.
En las esperanzas apagadas
se levantan luces nuevas
que el espejo sabe ver
y tú no osas desvelar.

V

En el camino más largo
hay atajos verdaderos
espinas zarzas enredaderas
que llevan los adioses al olvido.
En la Nada más oscura
no hay ni habrá vida alguna,
sólo el argumento circular,
el manantial de tus penas.
En los márgenes de este sendero
el verano espera tu regreso,
y cuando vuelvas
de ultramar será el incienso,
de *jaras* y rosales sembrarás el campo,
tu rugir será arrebol
y todos los futuros se verán
en una lágrima contenida.

Modernidad

I

Quizá
Te enseñaron que los hombres
son ruines, viles, cavernarios
seres de colmillos afilados
que quizás en un pasado amaron,
pero que de estimar ya se olvidaron.

Te dijeron, «Hija, ten cuidado,
de los hombres muy seguros
de sí mismos, pues hoy están contigo
y mañana en otras faldas».

Te maldijeron con ideas sin esencia
y hoy piensas que el buen hombre
que te trata como una reina no merece
tu atención. ¿Son sus ojos los ciegos
o es que este disfraz de amor moderno
rompió en pedazos tu corona?

Te engañaron durante tantos años
que hoy al hombre que busca ser hombre
se lo llama peligroso. Y razón les doy.
Pues peligroso es. Pues peligroso soy.
Pues peligrosos somos
para el Sistema y los que enseñan
y los que con mentiras envenenan.

Pero no para ti, mujer moderna.
Pero no para ti, mujer despierta.

II

Poco queda de los hombres de virtud
que lejos de iglesias, dogma y multitud
a la arena van a hacer prevalecer
la decencia que conviene proteger.
    Desde Adán y Eva no ha habido
hombre alguno que haya sabido
amar, proveer, proteger y cuidar
al mismo tiempo. *Buena mujer*,
has de saber que el hombre es aún
un cazador-recolector, y que los días
en que no hay entre sus sábanas *una presa*
se gasta sus ahorros en burdeles,
cuando no en bebidas o salidas
a contaminar el mundo con su aliento.
    De eso está hecho el hombre, ¿no?,
de aliento…el mismo del que tú, buena mujer,
brotaste de los labios de tu madre.
Pero no, te dicen que el hombre de hoy
no es el de ayer, sino el de un clan cavernario
que, si pudiera, sería él solo propietario
de mujeres, niñas y otros hombres.
¡En qué lío te han metido! Créeme,
¡tantos hombres de corazón rotos hay
que podríamos llenar la calle hacia el Congreso
y ni su propaganda nos frenaría!

III

¿Quién te dijo que los hombres no amamos?
Cuando un hombre sueña entre la orfandad
de su cama oscura, vacía y fría en una mujer,

nacen en su cabeza

los susurros imaginados, los viajes deseados,

sonrisas anheladas, los hijos que tendrían,

las caricias que se harían, la cocción a fuego lento,

el caminar por la montaña, ese hogar común,

la alegría compartida, los abrazos prolongados,

el olor del pelo limpio y los dedos ahí jugando,

el verdor de algunos ojos y el beso de buenas noches.

De verdad te digo:

si pesan más el dominio y la violencia que te muestran

como esencia del hombre, déjame decirte que te adiestran.

   Que esto no te suene a reproche:

lo que te han contado no es verdad.

El hombre anhela más la intimidad

que sólo sexo a medianoche.

IV

¿Qué es un hombre

cuando ni el humo del cigarro

ni la bebida de los bares

o la fluidez de cien mujeres

sacian ni su hambre ni su sed?

Te lo pregunto a ti, *buena mujer,*

pues en ocasiones pareciera

que hombre *sólo* el hombre *fuera*

si entre los consensos se bañara,

     o si en otros

          cuerpos ajenos

             el hombre habitara.

V

Si sólo la mitad (la mitad)
de los hombres hoy muriera
no podrías llamar al fontanero,
el electricista no tendría un hueco
hasta el año que viene,
imaginamos que los edificios
se deberían *construirían solos…*
Eso sí: las mujeres podrían escalar,
trepar hacia el mismo poder que hoy,
(hoy, miércoles de febrero),
la mayoría de hombres aborrecen,
el mismo poder que hoy
no funciona porque en la presa
no hay hombres trabajando,
porque no hay controladores
en las centrales eléctricas
y a los granjeros les ha dado
por desaparecer para haceros felices
y daros el mundo, la tierra, la vida,
que es lo que os merecéis por mucho
que pueda el hombre pecar y errar
por sólo saber hablar el idioma de la acción,
de la iniciativa y de la obra.

Hay muchas maneras de decir «te quiero»
y una de ellas es estando.

VI

Pero claro, me dirás que quieres,
buena mujer, que un hombre

nutra tus emociones y que te escoja
aun cuando tú no tienes el día
ni las ganas de hacer aquellas cosas
de las que antes disfrutábamos.
Verás, la mesa es de 3 por 1
y si yo pongo mi tiempo
y la energía que gasto peleándome
ahí fuera, contra la ilusión
de este lugar llamado Mundo,
mis demonios y el pasado,
piensa que la equidad ha de caber
en ese 3 por 1. Yo te traigo mieles,
monedas y cebada porque quiero.
Ahora pregúntate, ¿qué debemos pensar
esos hombres orgullosos de ser hombres
y de haber nacido hombres
y que sabemos que llevamos dentro
llama que arde y que jamás se apaga,
la semilla que crea bien adentro?
¿Qué hemos de pensar si sabemos
que nuestros brazos son un caparazón
donde dar amor, a nuestros hijos protección,
cuando vemos que en el ruido exterior
sólo se distinguen odios hacia el hombre
y si un hombre osara odiar a una mujer
todos sabríamos el final de la canción?
Pero claro, no es culpa tuya,
ni mía (al menos eso hoy diría),
sino de escamas, lenguas viperinas,
que al tumulto de voces y la algarabía,
dirigen como títeres a gentes y diablos,
hasta mover la mano del juez.

VII

Yo sólo te digo, *buena mujer,*
que hombre es el que ama
y el que se arriesga a expresar,
que el hombre es protección
y que bajo el nombre de todo hombre
se haya inscrito otro nombre
que sólo sabrá si cierto día
a él mismo se responde
a la pregunta fundamental
que todo hombre, llegado el momento
acaba por hacerse:
«¿para qué soy hombre?».
El resto —los que odian, envidian,
y matan y engañan y violan
sin despecho y luego, en su despacho,
ni siquiera reflexionan,
se arrepienten y ni (se) perdonan
dudo que en realidad haya
que llamarlos hombres,
pues en la raíz de todo hombre
hay amor.
       Si no sabe amar ni proteger
que repase su historial
y que construya
en sus pensamientos
la escuela que le faltó,
que se ame a sí mismo
con el amor que nadie le dio.

Hombre será
cuando amor se atreva a dar.

Profecía

I

Caerán los velos de la noche
nacerán por fin las mil estrellas
se arredrará el poder ante su sombra
cederán los días de amargura
y tú… tú que te creías oscura,
te verás cantar como la alondra
e irradiar la luz que las centellas
de toda estrella perdieron en la noche.

II

La misma tumba compartirá el tirano
con quien lo aupó al poder. Quizá veamos
todos el final de los amaneceres
pensando que la negrura es definitiva
y, al igual que podría venir la muerte en comitiva,
despertaréis del embrujo de las noches.
Abriréis los ojos todos y apagaréis el televisor:
veréis que no puede existir el mundo
si no hay espectadores.

III

Alzaremos un mástil sin bandera
para que el mismo aire sea un fiel motivo.
Arrancaremos del seno del Sistema
la etérea necesidad de la necia soledad.
No habrá ya en la noche oscuridad
como mucho susurros, labios y un poema.

...Recordaremos el día en que lo vivo
venció a *la muerte sin bandera*.

Autenticidio

El oro sepulcral de la memoria
y en la sombra el olor de los jazmines.
JORGE LUIS BORGES

I

Princesa se podría haber llamado
la primera luz a la que vi brillar.
La vida era alegría matutina
y así es que aparecía ella,
vestida de oro maravillar
atemorizando a la estrella vespertina,
pues su culto veía amenazado.

Fue luz de infancia, anhelo adolescente,
una amistad que duró hasta que decidí
callar mi amor por ella en un otoño.
Como se supone que vino Sara
arribó ella en mí, traída por el mar,
enjuta, abrazada y arropada
bajo los mantos de la más alta
de las altas inocencias repudiadas.

Ayer en un sueño se me acercó
diciéndome que siempre me quiso:
y después de ella besarme
bajo la lluvia de mayo desperté.

II

A ti debo mucho más que una elegía,
no por ser tú la primera (o por amar)
a un chico que sin saberlo estaba herido
por un pasado que en pedazos le rompería
años después, sino por haber comprendido
por qué un hombre roto es incapaz de amar.
Me fui acobardado sin saber por qué,
y en un silencio de espacio y años te dejé
allí, utilizada y algo confundida
quizá pensando si es que había otra *elegida*…
Ocurrió que la verdad dormía allí, subyacente,
en un rincón inhóspito del subconsciente.
Tiempo atrás mi honor había sido violado
y entonces no podía yo intuir que a mí el pasado
me haría recordar escenas que creí ficticias,
a mí, que juraba haber crecido entre caricias.
Me fue imposible saberlo en su momento
y, aunque estas palabras parezcan un invento,
quiero que sepas que lo que digo es cierto,
que el dolor que te causé era un dique abierto
por donde hoy El Reino de los Cielos
vive a pesar de la mentira y de los velos.
Podrías haber sido, Miriam, *la elegida,*
es por eso que hoy te escribo esta elegía,
deseando que se haya sanado ya tu herida,
anhelando que la vida proteja tu alegría.

III

Estela como luz que guía
al marinero que necesita
hallar un puerto al que asirse;
me apartaste del grupo un día
y me miraste con los ojos encendidos.

   Yo, que ni me quería ni me amaba,
¡ayer, ayer que sólo me despreciaba!,
te miré y no me creí que ese instante
pudiera ser real, pues *yo no merecía tanto.*
Se posó tu alma entera en mi mirada
y yo, que trataba de responder
si aquello era verdad o sueño,
callé como un condenado calla
justo antes de tirar al suelo la toalla.

   Desde entonces la oportunidad
se nos agotó; fueron varias
las risas entre esa nocturnidad
teñida ya de un gris y ganas
que apago hoy de un trago
a través de versos de mal mago.

   Estela como luz que guía,
hoy, hoy que ya me enraicé
en la tranquilidad tardía,
hoy, hoy escribo yo estos versos
por si un día logras descubrir algo
entre nuestros recuerdos dolorosos
que hiciera tus días más hermosos.

IV

Creí que mi silencio me hacía noble,
cuando en realidad me hacía pobre.
   Pobre por callar lo que sentía,
pobre por no decir que en ti veía
el recuerdo de una vida lejana,
que en tu aura, de leyenda musulmana,
sembraba en mi mirada confusiones
y en mi ensoñación jardines de ilusiones.
   Te vi el perfil izquierdo un día,
maquillado con levedad y alevosía,
y tu tez de ocre me susurró a mí una verdad
que después tiñó la oscuridad:
creí que era a Eva a quien yo amaba
sin saber que entre delirios ya nadaba.
   Fuiste tú Zaida, la princesa musulmana,
mientras los amigos reían de buena gana
porque algo de árabe podían ver en ti…
    y creí enloquecer,
porque *sólo yo te recordaba.*

V

Tras los velos de la realidad
se destapó, en un verano, *la verdad.*
Antes viviría contigo una amistad
que rompería en mí todo esquema,
de cómo es que el amor se extrema
en ser la llave   capaz de abrir la Libertad.
Contigo el compás se contemporizaba,
        los segundos se diluían
            entre el humo y el café,

mientras nuestra lengua una bandera izaba,
y al verla los demonios huían
en una balsa que alquilé.
Hablábamos tu idioma, *el idioma del amor,*
y entre tanta conversación, tanto sueño,
tanta brida, tanto alcohol y tanto ardor,
abrí la puerta de un lugar llamado Ensueño.

Allí yo era Romeo y tú Julieta.
En un momento dado creí que moriría
de una enfermedad llamada recuerdo.

Como si se tratara de un acuerdo
la lluvia caía a la plena luz del día
y en mi mente un hilo daba cuerda.

La voz me decía
que a te había visto en otra vida.

Si algo puedo hoy yo afirmar
es que en Ensueño la voz del mar
habla sobre Montescos y Capuletos,
entre susurros, *el idioma de los secretos…*
y que hasta aquí puedo narrar.
Julieta, eres hoy de otro
porque no nacimos
tú y yo para ser uno.

VI

Conocí un día a una Harmonía
que descubrió todos sus velos
hasta quedar *desnuda y fría.*
De argumentos colmó los Cielos
todas las copas que en lo alto había:
fue con ella que iniciaron los deshielos.

Jugué a crear, a ser rey, ser Pigmalión,

y en pocos trazos la melena bruna teñí
de rubio con toda la intención.
Al día siguiente, descendía una duna
bañada por el Sol   en su cabellera antes marrón…
y en su rostro distinguí a la Luna.

Soñé con desvelar todos sus rostros
y pude ver que había sido Aglaya,
y que ella era la *Princesa de la Playa.*
Vi en sus ojos blancura de calostros,
y me sumergí en la noche más oscura
hasta que una luz vino a rescatarme,
tras tres tormentas, de una muerte pura.

Nos despedimos con un tímido adiós,
y yo, entre el sopor y la humillación,
no pude más que seguir rezándole a Dios
por obtener cierto día sanación:
de todos los valles con los que soñé
el de Núria es el que siempre evocaré
sonriendo no sé si de amor… o redención.

VII

A ti te conocí en el vasto mar,
por entonces balsa de aceite,
plana y líquida sobre pilares de acero.
Rechacé tus tanteos, pues mi esmero
estaba puesto en trabajar con deleite
lo que *una magia* me había vuelto a dar.

Apareciste pronto en mis sueños,
irradiando la luz guerrera y blanca…
así el amor volvía bajo el semblante
de la elección entre esa luz brillante
y el albedo lunar en la zona franca

de unas *fronteras* sin dueños.
  Te imaginé contándonos el pasado
sentados en un sofá sencillo
y jamás te maldije pese a sufrir
la humillación de verme morir
al atravesar todo el pasillo
para salir por donde había entrado.
  Jamás, Atenea, danzarás la noche,
pues sembraste en tu camino
la ventisca, el viento de tormenta,
allí donde las amapolas y la menta
hubieran crecido con amor marino
a bordo de un bajel a medianoche.
  Me enseñaste a morir de ardor,
fuiste tú en verdad mi gran lección,
aprendí que los amores y el furor
raras veces se unen si en la habitación
en que ambos imaginan el amor
a uno de los dos   aún le duele el corazón.

VIII

Cierto día tuve la ocasión
de reunir en uno las piezas
de lo que antes era un corazón.
  Vino enfundada en un vestido,
llena de alegría y yo en su sonrisa
pronto quise *hallarme* perdido.
  Era aquella una época sombría,
en que entre recuerdos yo
trataba de encarnar mi hombría.
Le pregunté un día, aparte:
«¿Estaría rompiendo la magia

si dijera que quiero besarte?».
Y ante la alberca de aquel parque
recuerdo que aquel beso suyo
me supo a brisa, a libertad y arte.
   Sufrí de un ardiente arranque
de *fidelidad dañina* y de nostalgia,
y quedaría mi ocasión en el estanque
junto con el beso que nos dimos
y el saber que lo no acabó siendo
me brindaría un consejo *in crescendo*.
   Los griegos la llamaron Sofía,
y a ella hoy la evoco sin melancolía
pero con el corazón henchido de alegría.
Cierto día conocí a la Sabiduría:
                    era sencilla, bella y pura,
                                y *sabía* (a) poesía.

IX

Lo primero que vi de ti
fue la melena rubia
que tiempo atrás había pintado.
   Te veía desencadenar las mesa
del bar cada mañana: desde la ventana
de un salón desangelado.
En los recuerdos de aquel lienzo
llegaba a atormentarme el hecho
de que la melena rubia que pinté
la cubriera yo de un bronce *ormolú*
 y que un mes o dos después
magia   obra de arte   aparecieras tú.
   Fue extraño oír como ante el resto
me defendías del juicio ajeno,

cómo mi espiritualidad era tu tesis
y cómo supe bien desde el inicio
que hasta los adoquines te pretendían.
    Imaginé contigo mil viajes
la intimidad perenne sobre sedas,
una vida entre el mar y las palmeras,
el olor de los inciensos y el calor
ahogado en la penumbra de persianas
por el que, entreabiertas, las centellas
harían del salón   manto de estrellas.
    Si algún día arriba me vieras
por méritos, azares o Destino,
lo que me gustaría es que supieras
que un ángel en el camino
debió intervenir al colocar la pluma,
poco antes de poder ver yo tu pelo:
sobre la farola pendía, cuando aún la bruma
el suelo cubría con su velo de hielo,
una pluma rosada, como caída del Cielo,
mientras yo me convencía de que era Afrodita
y no Nerea la surgida de la espuma.

X

Me explicó que su padre
había muerto. Era joven ella,
apenas diecinueve.
Pensé que quizá sería honesto,
aparte de escucharla, decirle que algo
se había roto en mí hacía poco.
    Le dije que viví el delirio más grande,
pero creo que no le mencioné la causa
el catalizador de todo, *el abuso*

de confianza, y en el pozo
se quedó la confesión a medias:
yo, creyendo que la honestidad aquí
era necesaria y ella quizá sintiendo
que no le di el abrigo
o el abrazo que necesitaba.
   En la terraza de una rambla
de una ciudad casi encantada,
María se quedaría así, abrumada.
Pagaríamos la cuenta a medias
y yo me sentiría triste por saber
que le podría haber ahorrado tanta honestidad.
Si no se dice toda,
conviene que callemos la verdad.

XI

De todas las miradas que hoy evoco
existe una en cuyas pupilas la paz
tiende la única hebra de luz capaz
de despejar los vientos del siroco.
   Ella es *Ella* y su nombre reverbera
como el eco traspasa la frontera,
pues en sus ojos es la paz entera
y el temor una soluble quimera.
   De todos los recuerdos que hoy os traigo
el de *Ella* autentifica la certeza
de que sí tiene rostro La Belleza.
   Aunque parezca que viva en presidio
la verdad es que una danza macabra
busca hechizarme a golpe de palabra.

XII

Puestos a sincerarme y a mostrar
mis vísceras enteras, digo en un tenue
hilo de voz que a todas las podría amar
aún a día de hoy aunque no espero
ni de una ni de otra su regreso.
Estaré tranquilo si en un futuro
se sigue confundiendo la luz del día
de mi pecho con el reflejo oscuro
que proyectaba esta habitación sombría.
Desde este cuarto ayer yermo
confío en mi suerte como un enfermo
cree en la sanación.

Veremos si este *autenticidio*
es o no un suicidio.

Ocaso

Me pregunto desde un rincón
del mundo inhóspito cuál es la razón
de ser estando en la proa de este barco
llamado Libertad y de adjetivos parco
oteando el mar como quien mira el cielo
y en la línea lo pasado alzando el vuelo.
    Ha sido este el Ocaso de mi vida antes
de transitar La Noche hecha de instantes
hechizantes y sembrados de nostalgia,
porque la melancolía con su fría magia
murieron juntos   al terminar   el día.

Esto ha sido a grandes rasgos mi pensar
durante varios años previos al cantar
que hoy se erige en mí, dominando la marea
del presente nunca esquivo que se enseñorea
aunque pasados y futuros la quieran apresar.
    Ayer pensaba que en mí había errores
que cabía reparar, que mi amor eran furores,
un ardor y nada más. Fui un malinterpretado
más como muchos hay, pero hoy he hablado
y al pasado, desde ayer abrazado, lo he visto
        calcinarse entre mis brazos,
                    hacerse polvo entre mis manos,
            mientras yo veía cómo
                    en el horizonte, desde la proa,
el Sol su fuego en una eterna línea
                    apagaba hasta morir con él
todo el perdón y el adiós que brindé
            siempre en silencio, soledad y lejanía,
desde un dormitorio   del que hoy me despido.

Me preparo a ver por qué es que dicen
que es en el ocaso donde la nueva vida nace,
pese a la incongruencia bien sabida
de que éste precede a la noche y nunca al día.

LA NOCHE

Se ha posado ya sobre nosotros
una oscuridad parpadeante
de estrellas como lámparas colgantes
y una Luna llena palpitante.
    Abre el mar en dos nuestro navío
y la existencia de un ayer es atavío
al que acudiremos si en el extravío
necesitamos recordar cualquier lección.
    Parece que hoy los astros ya no existan,
que, a lo sumo, esas luces sean agujeros
de nuestros sueños en los límites postreros
y que un velo nos tapa los destellos primeros.
    La Humanidad sentada y en silencio
navega sobre la cubierta de un bajel
que ya no tiene capitán ni coronel…
pues a merced vamos de la brisa fiel.
    Fue más duro transitar el Ocaso
de lo que lo ha sido surcar esta nocturnidad,
es por ello que, ahora, libres de enfermedad,
no nos queda más que cosechar felicidad.
Pueden calmarse: viene ya la Libertad.

Literatura

Creo que muchos no me creen
cuando digo
que a mí la literatura
me salvó la vida.
Literalmente.
Tampoco sabría qué decirles
a los que creo que no me creen
para que lo hicieran,
si necesitarían teoremas,
el dato científico,
el argumento lógico
o sencillamente, mi verdad.
Lo cierto es que encontré
en la soledad de los libros
algo que necesitaba
y que ni siquiera sabía que buscaba:
entre la algarabía de voces
se había perdido
la voz del que leía.

Tampoco yo sabía

Llevo más de un año viendo
una compasión que no entiendo,
en la mirada de la gente.
   Quisiera habitarla, comprenderla
hasta hacer que entre los ojos
de las mujeres y los míos
muriera esa pena

que ni siquiera creo estar sintiendo.

Quisiera ser tan sólo, así, uno
entre los hombres que me ven
y que bajan la mirada o hacen
del orgullo un muro
al que ni siquiera veo fundamentos.

Tengo claro que hay conversaciones
para las que no estamos preparados
y que quizá es la norma de los que se exponen
malentender sus intenciones,
pero busco en esa compasión ajena
a veces el abrazo, quizá decirles
que están equivocados,
y que mi diagnóstico es «la larga espera».

Otros días pienso, sin embargo,
que toda pena vista en otros ojos
no es más que el residuo
que proyectan los ojos que la miran.
No niego que a veces lleve
a la confusión a mucha gente.
Tampoco yo sabía
    que mi alma estaba herida.
Tampoco yo sabía
    que el ser humano podía
        «pedir ser Dios» y salir con vida.

Fui Adán

Vi un día a Roma
habitando mi jardín.
  Estaba en las ramas del arce,
murmuraba en el *remor* de las hojas,
existía en el olor de los aires:
tras un velo mundial se escondía.
  La veía yo vestida de Gloria,
imposición y dolores,
envuelta al abrigo de una toga
hecha con la luz del Sol
sobre los edificios
bañados
        de almagre
                ocre y verde hierba.
Fui Adán un día
siendo esclavo en Roma,
obligado a descansar y obedecer
a la sombra de un negundo.
  El aire olía a un fruto,
que poquísimos hoy conocen,
nacido de la propia tierra;
la brisa a mí me lo traía,
el futuro recordaba,
los pasados se plegaban
y en el presente los veía.
Vi un día a Roma
habitando mi jardín:
olía *al fruto* y a jazmín.

Crearse

Puede, pilar oscuro,
suplicio oscuro puede
recubrirse de frutos
como un mes de verano.
IDA VITALE

Llega un siempre un tiempo
en la vida de todo hombre
en que la vida nos invita
a crearnos otra vez o perecer.
Surge entonces el reto nuevo
de dar vida a lo que era viejo,
moldear el miedo antiguo
hasta dejarlo exhausto, exiguo.

Volver al origen y abrazar
el futuro que quiere uno crear,
suele ser la solución natural,
antídoto ante ruido y el metal.
Porque crearse es un constante
volver atrás, dejar que todo instante
muera para que la eternidad
nos revele un día la verdad.

Cuando lo hagas, intenta ser humilde,
que no toda la vida será el sólo sin tilde.
Recuerda siempre el lugar de dónde vienes,
y mañana tendrás lo que hoy no tienes.

Quiero amar

Quiero amar el cuerpo entero
de quien me ame en exclusiva.
     Quiero enardecer el alma pura
de quien pueda reseguirme
con el corazón por todas partes
y dar el placer a la que diga
que el imposible es un ayer.
     Quiero ver arder el suelo yermo
que hoy cubren los huesos
de los muertos que olvidamos.
     Quiero a quien me haga pensar
que ansiedad, sufrir y odiar
son antónimos de amar.
     Quiero amar el ser entero
de quien me ame hoy sin peros
y me susurre al oído
              que el pasado
                        ya pasó.

El idioma del tiempo

I

Hay un idioma perdido en el tempo,
sonando entre cadencias y jadeos,
llenando las estancias de deseos
y que, callado, truena hiriendo al tiempo.
     Hay un tempo perdido entre secretos,
en cuya cadencia un día una voz,

entre susurros, me dijo que *la hoz*
moriría esclava de sus decretos.
   No me cupo duda alguna al escuchar
un número entre el cúmulo de voces
y cómo fue que, entre tanta lobreguez,
   del mismo aire pude ver su doblez:
el crepitar del éter hizo coces
y de la penumbra al Cielo vi nacer.

II

Habla el tiempo en una lengua ladina,
de surcos pliega el rostro al caminar
y en cada zanja hay semillas al azar
sembrada cada historia entre su esquina.
   Habla el tiempo bajo una luz marina,
y una palabra rota quiere cantar,
exclamar ya su historia, hacerse escuchar,
decir que toda rosa alberga espina.
   De saber que lo importante es el *tempo*
quizá posaríamos nuestros ojos
donde sí se sintieran bien cuidados.
   Pero ya nadie quiere oír pasados,
tampoco aprender de antiguos enojos.
Oro es, pero *de oro* no es el tiempo.

III

Habla el tiempo en una lengua salina,
de surcos pliega rostros, la piel es mar,
y a cada zanja hay semillas al azar
sembradas entre dobleces y esquinas.
   Es un idioma de erosión marina,

que muta su fiereza al son lunar
pronunciando con cadencia irregular
verbos y nombres, palabra divina.
   Muy pocos han visto su abecedario
y menos aún su ley gramatical:
«Tónico soy cuando no tengo acento,
   más me acentúo si no tengo horario.
Denso y lento me hago si algo nos va mal:
señor del Tiempo, vivo en el Momento».

Erotismo malentendido

I

Recuerdo el timbre de tu voz
entre la algarabía y el tumulto
de fetiches, fantasías y verdad.
   Te elevaste evidente y desoculta
entre el montón de exiguas voces
hecha de ti y de tu carne
desnuda y de silencio,
estruendoso en un abrazo.
   Tu voz era un arrullo
de paloma junto al mío
recordándonos que un río
fluye siempre que hay amor:
te destacaste desde el día
en que te llevaste el frío
de la cama siempre medio vacía.
   Ahora, al echar la vista atrás,
sé que fue en tu rugido agudo

y en el silencio tras la contorsión,
que la carne vibrante y sudada
reveló la sacralidad habida
entre gemidos,
      retorceres,
         erupciones
      estertores
  y el silencio.
La lobreguez del plenilunio iluminaba
aquella alcoba ayer medio vacía
donde antes el mutismo cabía
contenido en una mano.
   Hoy recuerdo la voz de ayer,
desde este instante extenso.
Y la oigo y la veo
sacra, ardiente y santa
abrazando aquel espacio
entre la demónica sombra
del erotismo malentendido
que habita entre gemidos,
           retorceres,
             erupciones,
        estertores
    y el silencio.
Recuerdo hoy el timbre de tu voz
desde un instante alejado
del mañana ya vivido.

II

Vive entre las sábanas
del hogar de cada casa
el erotismo malentendido

oculto entre el exceso
y el temor a la contorsión.
   Vive entre movimientos
de gimnasta o funambulista,
tras un velo de jadeos, alientos,
la facial, misma expresión,
hebra de luz tendida
entre el placer,
            la muerte y la agonía,
        el vacío y el tacto
del cielo sagrado
en lugar de infierno o fuego,
siempre en el confín del cielo
o viceversa.
            Vive en la región fronteriza
entre el rugido y el gemido,
o en olor de las confesiones…
nadie lo sabe.
Hay un erotismo malentendido
que el ignorante tacha de malvado,
fervor por malos y buenos querido
pues arde en él   el fuego sagrado.

III

No es difícil verlo.
Es un rostro lúcido
entre la negrura envuelto
mostrándole una mueca al mundo
que se ha girado en un instante.
   Crece su luz cuando la fuerza
de dos cuerpos se acompasa
y la danza encaja ritmo y corazón

hasta hacerla semilíquida marea
en medio de la contorsión.

　　Lo ven los astros apagados,
la cara oculta de la luna,
y en el aullido de los lobos clama
habitar la piel de los vellos que se erizan
cuando unas manos la acarician.

　　El erotismo malentendido es una cama
cuando las voces que agonizan
ya no quieren gritar solas.

De la paz

Saturno está allí,
con la mirada atenta a cada luz
JUAN ORTIZ

I

Hay en los vacíos de la Historia
un eco reverberando dolores,
una nada pintada de colores
clamando la muerte de la memoria.

　　Ama el poeta decir que la verdad
acerca de la paz es que no existe
más allá de un contexto que no diste
de belicismos, mundo y necesidad.

　　Luego viene la gran epifanía
al ver que la paz primero es adentro,
que el resto puede que sean mentiras.

　　Mientras haya en *El Alma* una agonía
la paz, arriba, abajo o en el centro,
será el vano argumento de las iras.

II

Te dije a ti, tiempo atrás, *viejo amigo*,
que definir La Paz citando a Guerra
era algo como arar la yerma tierra
y exigirle diezmos como castigo.

Hablabas con la razón en tu ombligo
por decir que la paz es entreguerras,
sin saber que aquello a lo que te aferras
suele acabar llevándote contigo.

Dime, ¿qué aprendiste de los poderes
que nos prometen abundancia eterna
mientras en su voz sólo hablan de escasez?

Espero que hayas hallado lucidez.
Rara vez el poder que te gobierna
lo hará desde su propia paz interna.

El pulso

Tú decides: tú decides siempre,
siempre que el corazón siga latiendo,
latiendo estarás tú y tu vida en pie,
en pie de paz muerta la guerra,
guerra por los que ya no caerán
caerán las futuras guerras,
porque tú decides   siempre.

La Tabla Esmeralda

Me tumbo   boca arriba
en la cama   ojos cerrados
a otear el mar desde los cielos.

Más allá del Infierno
está la vuelta
del Cielo dada.

Las mayores recompensas

Abre, abre de las puertas el umbral,
que tras el marco pasaremos todos
y en *el Oniros*, tiempo sin recodos,
la aventura al revés nos hará inmortal.
   Iza, iza las velas, abre el portal,
que la Humanidad sabrá los apodos
 de arquetipos, procesos y periodos
con que ocultaron nuestro don natural.
   Ve, ve por el sendero más oscuro
que las mayores recompensas se hallan
tras transitar nuestros mayores miedos.
   Sé, sé genuino, leal y puro,
que los milagros rara vez no estallan
a los que han sido fieles a sus credos.

Pequeños poemas

I

Paciencia,
que la vida protege
a quienes protegen la vida.

II

Al que ande ciego de nostalgias:
llegado tu momento, verás como siempre habrá
algo más bonito que empeñarse en olvidar.

III

Contra más intrincado eres,
más te alaban por tus pareceres.
Contra más simple es uno,
más encajará en grupo alguno.
Contra más tú llegues a ser,
más *extranjero* te van a ver.

IV

Sé el ejemplo:
mañana en la calle,
pero siempre en tu templo.

V

El que quiere renacer
primero a morir debe aprender.

VI

El Mal persigue al Bien
porque le teme.
El Mal necesita al Bien
porque subsistir sin él no puede.
El Bien que evita el Mal
en sabiduría asciende.
El Bien que no alimenta al Mal
en *héroe anónimo* se convierte.

VII

Que la ansiedad no te atormente:
a veces somos la respuesta
a las oraciones de otra gente.

VIII

Acerca de la guerra,
solamente una verdad:
no hay victorias, sino libertad.

IX

Las bendiciones que diste ayer
mañana te van a proteger.
Así funciona el Bien.
Porque las bendiciones que diste ayer
en el destinatario van a permanecer:
las guardará en un almacén,
y cuando venga la ocasión
alabarán tu corazón.

X

Que quien sus bondades afirma,
la vida sus bendiciones reafirma.
Es este un camino de ida y vuelta,
por mucho que esta realidad
más que creada parezca *devuelta*.

A veces las arrugas

A veces las arrugas
no sólo ocultan historias
dolores penurias risas y pesares,
sino también una justificación.
   A veces las arrugas
no sólo ocultan los motivos
sino también el hondo disimulo
que a veces todos opacamos
al hilo de una mirada y de una sonrisa
y de un gesto divertido.
   A veces una generación duerme
para ver despertar a sus hijos;
a veces una generación espera
como el aire que respira la pregunta
que insufle en su memoria, vida;
pero a veces una generación calla
pues el silencio de los suyos
silenció su testimonio.
   Entonces aparecen las miradas
y el gesto divertido y las arrugas
se revelan como una posibilidad,

o como una frase a medio hacer,
que dice a media voz:
                    «a veces las arrugas».

El laberinto

Muros y más muros,
en lo alto sólo espadas
y los pies llenos de barro.
    Dime, ¿cómo quieres salir
del laberinto si en tu mente
no hay silencios, sólo muerte?
    Quizá creerás que es pensando
como a las sombras uno va opacando,
pero el laberinto vive esperando,
oculto entre recodos y requiebros,
y en su espera con nosotros va jugando.
    Entre el muro líquido y resbaladizo
vive el minotauro con ganas de bregar:
te llama a los impulsos, tiene sed
de tus juicios y razones, tiene hambre
de encarnar en ti su carne.
    Dime, ¿cómo quieres salir
del laberinto si en tu mente
no hay silencios, sino muerte?
    Prende una luz y guía tu pensar;
que es el pensamiento circular
principio activo   de la materia inerte.

La sombra

Hace tiempo que mi sombra
ya no se queja sin motivos;
hace tiempo que mi sombra
y yo dejamos de esquivarnos.
   Intento conciliar esa centella
casi fría, nívea y encendida
con el fulgor y la claridad del día.
   A mis zarpas le han crecido
argumentos, anfisbenas, flores,
quimeras, otros amores y colores.
   Pero mi naturaleza es una luz
titilante entre el trémulo
de un cielo en luna nueva;
una voz le clama al nuevo día
que encarne en su tono mi Destino.
   De mi sombra ha nacido hoy un felino:
había piedras, ahora bordes del camino.

Un gigante

Under the bludgeonings of chance
My head is bloody, but unbowed.
WILLIAM ERNEST HENLEY

Lo admito.
Soy hombre
de sueños sencillos.
A contracorriente de la mayoría voy
porque vi que la grandeza de hoy
vive al kilómetros de la naturaleza.

¿Y acaso es eso belleza?
Viven lejos del verde y de sus almas
sedientos de un amor que no se dan
los que creen que la complejidad
es sinónimo de libertad.
    Creí que la realidad de los medios
y de las redes era la verdad,
hasta que me vi toxificado,
viviendo la vida ajena a mí y dando vida
a los sueños de los demás.
    Lo admito:
lo entendí porque caí,
pero al fin lo comprendí.

Que lo sencillo es
lo verdaderamente grande,
y que lo que el mundo llama grande
en realidad es un gigante
que muere de vacío.

La noche del felino

I

Mi *eros* tiene una sombra,
una sombra que no es mi *eros*.
Alberga la noche mi pulsión,
pulsión que busca amor diurno,
la noche reina entre las noches.
    Proyecta, sí, una densa umbría
que a ciertos arquetipos desvía:

la ternura se la mira con rubor
y *la lujuria,* con desdén y sin amor.
   La noche del felino habita
la sombra de los espacios ya horadados
como la vid de un hombre palpita
por arribar en los puertos soñados.

II

Habita en lo profundo de mi ser
la naturaleza felina de las noches,
oscuridad líquida, vapor y fuego.
   Es mi cuerpo el manto estrellado,
y a cada herida nacen nuevos astros;
la honda cicatriz que ayer sangraba
es hoy el centro de una galaxia,
por cada lunar engendra la vida
constelaciones aún sin nombre,
es la expansión del músculo
la expansión del universo entero,
es el vacío entre las cosas
la sombra que se esconde tras la luz
en *La noche del felino.*

III

Mi naturaleza es la del Sol
en la Luna más brillante
de la noche más oscura.
   Mi naturaleza es una luz
colgada de lo alto del vacío
anhelando ser siempre viva,
mi física es la del fuego lunar,

naturaleza que a veces me es esquiva.
En mi piel habitan máculas
iluminando de dorado el cráter
de lava líquida incesante
que hoy corre por mis venas.

Mi naturaleza es una luz
entre la negrura más oscura,
pero mi amor está hecho
de los días más diáfanos.

Hoy mi lengua es menos áspera:
atrás quedó mi leve aullido,
porque hoy mi voz es un rugido.

Ahora soy la sombra ya integrada
a mi luz carente ya de objetos.
Navego por el mar de lo invisible
a contracorriente y sin destino
más que ser *La noche del felino.*

Deshielo

Pensé, hace un rato, en escribir
una oda a la intensidad
por si mañana he de morir.
Pues fui intenso en un pasado,
generoso en el amor
y nada parco en mis palabras.

Amé después y antes
de todas las declaraciones
que salieron de mi boca,
ojos, leve temblor y ahogo.
Pero ahora, ¿qué hacer?

Brindé mi profundidad de oro,
y el corazón puse sobre la bandeja
callando siempre mi pasado.
Y vi la malinterpretación
y el prejuicio sobre la intención,
porque en mí había, sí,
precipitación, intensidad,
amor profundo de verdad
al que tantas almas temen,
pulsión, ¡claro!, y un dolor
difícil de expresar.
   He pensado, por un instante,
en dejar de amar, en cerrar las alas
de ángel o de azor.
                        Pero he visto
que eso sería darle la victoria
al Mundo, a la negrura y al temor.
Hoy, que pública es mi historia,
inicio un nuevo ascenso
de nuevo, al confín del Cielo.
Hoy, al fin, inicio mi deshielo.

Orografía de los crecimientos

I

Hoy de nuevo hallo al mismo sabio,
otra vez entre espinos y rosales,
dispuesto a revelarme las verdades
que ayer me supieron a duro agravio.
   Le pregunto con voz queda donde está

el consejo que hoy no rechazaría,

y el sabio, hecho él todo alegría,

me dice que pregunte y que Dios dirá.

—A la otra vera de este río bravo

se halla aquello que llamas Felicidad.

—¿Cómo se llega? —digo con denuedo.

—A pie y al soltar del dolor su cabo,

pues a la orilla de la Felicidad

se llega atravesando el río Miedo.

II

Veo el verde de un prado allí a lo lejos

que en mis ojos refulge y reverbera,

y yo, subido a la cima postrera,

veo, en ese verde, sólo reflejos:

—¿Cómo es que la alegría de los viejos

al joven hunde en una larga espera

y, sumido en la pena, desespera

por que un día se atiendan sus consejos?

—Porque a la pena —me susurra el viento—

no la doblegas a base de saber,

sino al agradecerle su presencia.

Pasa la depresión e iza el aliento,

y algún día de la alegría sabrás ver

que al bajar, la pena muta su esencia.

III

Quiere amanecer en este cenagal

al que aquellos hombres que la alegría

perdieron llamaron Melancolía,

y emerger el Sol de manera triunfal.

Lienzo sobre negra pena natural,
y augura el paso en una tez sombría
el fin de la Nostalgia cuando el día
al alba la va acercando a su final.

Y me susurra una voz muy queda:
—Este Sol que ves se llama Optimismo,
y no todos alcanzarán a verlo.

Camino y, bajo mis pasos, *la rueda*
se quiebra sumergiendo al dolor mismo,
mientras la voz dice: «podrás hacerlo».

IV

Oteo la Depresión desde arriba,
y la percibo más verde, más bella
de lo que esta cicatriz, leal huella,
muestra desde su humilde perspectiva.

Insiste en querer verse atractiva
pero en su hediondez muere toda estrella,
y sigue queriendo verse doncella
cuando en ella la reina es siempre viva.

Al final, la línea revela el rostro
de la cicatriz: en verdad es blanda,
pero esta sociedad la ha endurecido…

Por fortuna la Esperanza siempre anda
y aguarda entre bondades de calostro,
al día en que su velo haya caído.

Llegará el día en que los ojos vean
lo que el corazón sabe de antemano:
que la pena verde es para el humano
aunque en Esperanza ya pocos crean.

V

Sentir la soledad es un engaño
pues imposible es sentir la soledad;
nace el hombre de espaldas a la verdad
y aun así, cuántas veces un extraño

   se siente en mitad de su rebaño,
cuántas veces más falto de libertad
se siente si dentro de *La realidad*
está   por evitar ser ermitaño.

   Pues porque no es soledad, es privación,
es el desamparo de los que sienten
que vinieron al mundo a desencajar.

   Por suerte el remedio no es más que la acción:
crear nuevas vías que representen
a quienes vencer no se van a dejar.

El primer paso

Di tantos pasos que me perdí
en el compás del instante concreto,
cuando uno de los dos se delata
y las intenciones caen por doquier.

   Siempre emprendí yo el primer paso,
hasta que un día alcé la vista y vi
que al final, la senda en un ocaso,
cortaba en dos el horizonte carmesí.

   Caminé erguido y, evocando el eco,
del pasado me vi libre y alentado,
y empecé a ocupar el hueco
que mi ausencia en mí había creado.

Al fin el firmamento rojo encendía
el preludio o el final de la tormenta
y en mis ojos una lágrima baldía
melodiaba en una afrenta un dolor cojo.

Me llamaba el corte y la curiosidad
de saber a qué olerá la doblez de la mar:
fue ella quien me dijo que entre dos
el amor no admite nunca iniciativa.

Di el último paso hasta ver el mar
y quise volver a amar aquel éxito escaso,
pero el oleaje al romper no me llamó.
Me volteé al fin y así di el primer paso.

Tuyo

No te rindas, aun estas a tiempo
de alcanzar y comenzar de nuevo,
aceptar tus sombras, enterrar tus miedos,
liberar el lastre, retomar el vuelo.
MARIO BENEDETTI

Mi ánimo es hoy tuyo,
puedes quedártelo entero
y hacer con él un amuleto
que te proteja de marzo a febrero.

Te pido que sea un secreto,
pues el ánimo es a veces cosa frágil,
capaz de arrebatarle al grácil
su sonrisa en un minuto.

Recuerda que su valor es absoluto,
y que el que el ánimo gratis dona
su aliento un día, tendido en la lona,
ahogado anduvo clamando rendición.

Pero no es esta la ocasión,
pues hoy mi ánimo te anima.
   Úsalo hasta alcanzar la cima,
y cuando el zenit hayas coronado
acuérdate de dar como legado
el ánimo que mañana tu vecino
necesitará para emprender camino.

La voz de los hombres

I

Es el corazón de los hombres un don
aunque hoy su voz suene astillada.
De hecho, es esa siempre la ocasión,
el punto en que la duda callada
merodea los aires de toda calle
que el hombre abre su ataúd
dispuesto a hendirse en el valle
para llevar la muerte a *su* finitud.
Ruge en el corazón del hombre un don
aun cuando su voz suena astillada.
Es entonces cuando de la cerrazón
 nace la rendija sólo destinada
al amor que, sin motivo ni razón,
desgaja la naturaleza ya cansada
que ennegrece la alegría y la pasión
con su llave abriendo puertas en la mar.
Será el corazón de los hombres un don
aunque astillada suene su voz futura.
Al que ya no crea en la revolución

que se abstenga de cualquier cordura,
pues amenazada está nuestra canción
y nuestra voz camino de la sepultura:
si de las astillas no hacemos carbón
ni la cultura evitará los puntos de sutura.

II

Al Hombre quieren quebrarle la voz
y sobre su nombre
a la Mujer le dicen que su atributo
     será siempre el de *la hoz*.
Es la voz del Hombre una gruta,
no es su grito un grito ni un aullido.
Es una mentira escamada, cruel y astuta,
que la voz del Hombre haya de omitir
en tiempos de conflicto su rugir.
Diría que entre tanto acero y asfalto
corremos el peligro de olvidarnos
que, aunque distintos, no hay salto
para el Hombre demasiado alto,
ni vida que sin la Mujer
Dios vaya a poder darnos.
  Si me dieran la voz de los Hombres
la sellaría con los todos los nombres
de los que creyeron que su amor
no era noble   sino sólo ardor.

III

Dicen que al Hombre le falta voz,
que ahora suena aguda y no afilada
pues en el camino perdió su espada.

Suena grave la voz del Hombre
cuando en sus meollos hay razones
de vivir y encarnar todos sus dones.
   Suena firme la voz del Hombre
cuando sus *porqués* le cubren la espalda
haciendo de sus *cómos* polvo de esmeralda.
   Suena madura la voz del Hombre
que sabe del conjuro contra su fortaleza
y donde radica la verdad de su naturaleza:
que los hombres aman y los inhumanos
                              odian
que los hombres protegen y los inhumanos
                              matan.
Podrán decirnos que el Hombre es el Mal,
pero a los que lo afirman les quedará admitir
que ni *ellos* mismos saben qué quieren decir
cuando declaran saber qué es un Hombre:
                        hombre uno nace
                        y luego Hombre se hace.

IV

Si me dieran la voz de los hombres
inscribiría en ella los nombres
de todos los que ayer cayeron.
   Dicen que un Hombre sin voz no es,
que en sus cuerdas vocales se esconde
el arsenal de todos los recuerdos fatales
donde habitan heridas, Adanes y Noés.
   ¿Qué es el Hombre sin su voz?
Una cicatriz que supura sus desmanes.
   Pero ¿por qué hoy el Hombre sin su voz?
Porque siempre es conveniente silenciar

al que de su naturaleza no es carente
de ser capaz un día de quebrar *la hoz*.
  A mí me da que en nombre del dinero
cuatro jerarcas dicen querer cuidar el amor,
que el Hombre es un ser*vil* sin honor,
y, escudados tras el silencio de un cordero,
sellan la marca de la duda en la Mujer.
  Si me dieran la voz de los hombres
inscribiría en ella los nombres:
y de su rugido nacería Amanecer.

Quien sigue al corazón

A la mujer capaz de esperar,
hoy, que todo es prisa

Entre susurros cuentan las esquinas
que la verdad es que hay alguien para ti
esperando a conocerte aquí y allí…
pero ahora tu sólo ves espinas.
  Hablan medio ocultas tras la cortinas
en la afilada lengua del bisturí,
y si las promesas no son de rubí
a las palabras hacen asesinas.
  Calma, pues sigues siendo La Arquitecta,
y por mucho que pesen los instantes
jamás la razón podrá ante la emoción.
  Caminaste por la senda correcta,
fueron tus pasos todos importantes,
y todo gana quien sigue al corazón.

Tan sólo aguanta

I

Si los días hoy te pesan
y las horas y minutos pasan
silentes, lentos, intrascendentes,
    toma aliento, camina,
        observa y sé consciente
de que la vida un silencio ofrece
a quien el futuro
                en sus manos
                    hoy merece.
    Tan sólo aguanta,
otea el horizonte, sé, asciende,
que de alas el humano no carece
ni aún en las horas más oscuras.
    Tan sólo aguanta,
que el alba que el alma humana anhela
sólo puede nacer si antes de la aurora
la negrura era tirana y no señora.
    Y recuerda,
que siempre el día más brillante
viene precedido de la tempestad.

II

Te veo aunque te escondas
de los ojos de los que señalan
con su mirada de punta y flecha.
Sé que en los silencios ahondas,
tu dedos penetrando la tierra
y en su seno la esperanza abonas.

Te veo sembrando la rara luz
que los ojos juiciosos jamás verán;
te veo y crees que no lo sé,
y quizá te pienses invisible,
pero sé que en el negro de la noche
que al mismo demonio espanta
entre susurros

          tú

            te dices:
—Tan sólo aguanta.
Tus pasos decididos no me engañan;
optaste por la humildad y el arte,
alejado del mundo y la alabanza,
y aunque creas que no te veo,
en esta noche que a la sombra espanta
sé que una semilla de esperanza
siembras, porque en un susurro,
     tú te dices:
—Tan sólo aguanta.

III

Alza el vuelo tú amaranto,
gatea si lo necesitas,
nunca jamás reptes
y arrástrate sólo
si es por Dios,
por verlo allí algún día
en el lugar al que tus sueños
su aliento envía,
al campo donde el anhelo
jamás se detendría.
   Tan sólo aguanta,

y transita las sendas vacías,
acostúmbrate a ver cómo pasa
el mundo a contracorriente en masa
mientras tú, vas en la dirección
que te señala el corazón.
    Si algún día te vieras vencido,
herido, en la lona alicaído,
recuerda que el motivo que te hizo
alzar el vuelo, desvelarte del hechizo,
mañana logrará inspirar
a los que se arriesguen a despertar.
    Tan sólo aguanta.
Valdrá la pena la espera hasta ver
que la recompensa última
no es tener sino *tan sólo* ser.

IV

Tan sólo aguanta,
aunque las horas pasen duras,
hirsutas y sin motivo.
    Continúa en el camino,
sé parte de la solución
aunque te duela el corazón
y la razón a ratos aluda
al alud de excusas sin esencia
con los que el mundo se escuda.
    Tan sólo aguanta.
    No naciste para ser esclavo.
Vives a causa de tu aliento,
porque tu felicidad le importa
a la Tierra que nos quieren robar.
    Quizá es que tu destino es diferente.

A lo mejor es que serás tú un referente,
el faro iluminando la negrura
para los perdidos en la noche oscura.
¿Y si eres tú la razón,
la inspiración, la luz a la que acudan
los que hoy en excusas se escudan
aun sabiendo que en ellos habita
el fuego, la flor que no marchita?
   Tan sólo aguanta,
que tus días conocerán el amanecer
de la razón que te hizo nacer.
No hay perdición en esta hora,
ni buena dirección que tú ahora
no puedas emprender.
   Tan sólo aguanta.
No soy yo quien te lo dice.
Es tu voz quien te lo canta.

Llama

I

A veces una llama desbocada
cabalga, alienta y ruge en mí,
me llama a la acción desenfrenada
que en el pasado no viví
por rendirle culto a un amor fatuo.
   Se yergue la luz, dorada la llama,
y mi cuerpo entero inflama,
ahora que en ese amor vacuo
veo conglomerarse mi pasado,

vida que yo mismo he aprisionado.

Junto a éste los terrores mueren,
se disuelven todos en la sombra
qué tiempo atrás logré integrar.

A esa llama desbocada
la alimentan hoy distintos sueños:
es pareja su naturaleza,
pero otra fuerza los alumbra.

II

En ocasiones creo que viviría
en una sola noche toda la vida
que en el pasado no viví.

No me serviría de consuelo,
pero raudo apagaría el ruego.

De los restos de ese fuego
una nueva vida emergería,
y de la ceniza haría luego
que brotara fuerte la alegría
y en su seno el sueño nuevo.

En ocasiones creo que viviría
en una sola noche toda la vida
que en el pasado no viví,
y sé que esa sería mi condena.

Por ígnea o placentera que fuera
jamás podrá una noche aunar
diez años de fidelidad suicida
ni lujuria alguna el dolor quemar.

III

Corre la llama o más bien fluye
y como lava de mi cuerpo huye,
recorriendo nervios, arterias, venas,
fuego en el metal de mis cadenas.

    A veces ha llegado a calcinarme
su insistencia en subrayarme
una responsabilidad a encarnar
frente a quien se la quiera dar.

    Pero ahoga a veces, la verdad,
esta tendencia a la veleidad
de querer ser todo lo responsable
que no sería hoy ni el más amable.

    Quema, a veces, tratar de hacer
las cosas bien, tener uno que ver
cómo la pulsión en un derroche
carbonizaría la tensión en una noche.

    Más quema, pero, ver el universo
hecho de vacíos y de ni ningún verso
que aboguen hoy por esperar,
aunque hoy la llama se muera por besar.

IV

Una contradicción hay en mi llama:
tiene sombra pese a que la ciencia
postula que eso es imposible.

    Tiene sombra porque habita en ella
la inherente propensión a querer aunar
en una noche de excesos toda
la privación que la espera me propuso.

    Arde en una sucesión de rachas

desenfrenadas de pulsión y de deseo
mientras que bien cerca una voz me dice
que conviene recordar que en un pasado
di a quienes no me dieron, que fui
generoso con los que me traicionaron.

Tiene sombra la llama y no me quejo,
pues cuando a las circunstancias dejo
que me lleven por su impulso, una fuerza
matriz, de mi propio núcleo automotriz
hace que a mi alrededor la magia,
los efectos sin sus causas,
se desvele propiciando que la sombra
de mi llama ceda y deje de sembrar
contradicción, dudas que matar.

Arde a veces negra y se hace densa
cuando pienso en los motivos que llevan,
al hombre que quiere algo mejor,
a tener que dejar atrás todo lo que un día fue.

Las posibilidades caen una a una
en la búsqueda de lo mejor.
Y el alma puede verse en cada carne
vibrar hasta hacerse fuego y llamarada.

Al que ve la realidad así le sobran
motivos para volver a dormir
pensando que la sombra genuina
es la de la vida y no la del mundo.

A los que ven la realidad así, su llama
se hace lanza no hacia un cuerpo,
una pulsión o una mentalidad,
sino a la infinita posibilidad de estar
con una alma a la que siempre amar.

Hoy que todo es transitoriedad,
hoy que lo efímero es el oro

negro y que el segundo le ha ganado
la partida a la hora, es momento
de admitir que es la llama un eufemismo
incorrecto con que designar las pulsiones
del hombre. Que el magnetismo
fuera descubierto antes que el fuego
no puede ser casualidad.

V

Le pregunto a mi llama qué desea,
y dice que la noche redentora
a la luz de una luna protectora
envueltos entre sábanas de seda,
  al abrigo de un calor que no ceda
en su intención de hacer alentadora
la noche, el alba, el día, toda hora.
Le pregunto a mi llama qué desea
  y dice que seguir viva y prendida,
que llegue el día en que cualquier espera
muera como la llama del pasado
  se extinguió sin opción a despedida.
Que emerja ya la *La eterna primavera,*
pues al pasado yo ya he perdonado.

El aliento

Deja que hoy te dé mi aliento.
No es de oro ni huele a dioses,
pero en él palpita lo que siento,
el amor junto a un sinfín de adioses.
Quizá te ayudará saber que los dos,
tú y yo, compartimos un camino,
sendero hecho de al menos un adiós
y regado por las aguas del mar salino
de los motivos que jamás diremos.
  Deja que hoy te dé mi aliento.
Sé que codo con codo un día lucharemos,
tú contra tus miedos, yo contra los míos,
pero hoy hagamos que el intento
de darte mi aliento ilumine los vacíos
y que los rincones sombríos mueran
al contacto con la luz   si lo aceptas.
  Deja que hoy te dé mi aliento.
No es de oro ni huele a dioses,
pero si hoy aceptas lo que por ti siento
lograrás que la vida y no el mundo
te devuelva entero, en un solo momento,
lo que un día se fue con los adioses.
  Así que deja,
deja que hoy te dé mi aliento.

El día que me vaya

Ayer decía
jamás me iré de aquí.
   Hoy me digo
que partiré el día
en que se rompan
en dos mis esperanzas
por hacer que aquí,
lo ajeno y yo,
habitemos el lugar
destinado en cada uno
para el otro.
   Si el día llega me iré de aquí,
y en una patria lejana
ocuparé otros lugares
habitaré otros cuerpos
y viviré mi misma vida
como si fuera otro
siendo yo en otras gentes,
quizá las mismas almas
pero en otra parte.
Ocurre, no obstante, algo:
por mucho que me vaya
siempre quedarán en mí
las vidas que aquí fui,
y aunque los recuerdos
hayan de marcharse
la lección quedará
junto a la advertencia
que jamás se va:
un «recuérdame por lo vivido»,
un «transita otros caminos

hasta hallar otros destinos»,
y un «jamás llores mi ausencia».

Y a pesar de lo dicho
puede que el remanente,
como un leve rastro,
quizá reclame, estéril,
de nuevo aquellas tierras
que la vida les quitó.
Así es como cuando uno
al fin acaba yéndose
y se va, sí,
pero sólo un poco:
trataré no ser la excepción,
pues vagabundo me sentí
en mi propia ciudad
por saber desde joven
qué gran destino había en mí.
Así,
el día en que me vaya
me habré ido,
     sí,
pero no del todo.
Me habré ido,
     sí,
pero sólo un poco.

Verso estoico

I

Pasa lo que pasa,
como pasa y cuando pasa.
Pasa lo que pasa
por quien pasa y porque pasa,
y lo único que no pasa
es el instante ya pasado.

II

Pasa lo que pasa
porque a todo hecho pasado
 le acontece una antesala.
Al suceso que no dé explicación
llamarlo *magia* será mi opción,
pero lo único cierto será que no sé
la causa del efecto de lo que ahora es.
A fin de cuentas, magia o milagros son
las cosas que pasan sin ser vistas,
todas las alegrías imprevistas
y hasta lo que podría afirmar saber
sin saber si ni siquiera existe.

III

Pasa lo que pasa,
y lo que no pasa es tan cierto como cierto
es lo que aún no sé.
    Entonces, para qué *pre*ocuparse,
si a cada instante pasado

otro posterior corre a morirse
sin dudarlo demasiado.
    No te *pre*ocupes entonces,
que cuando toque ocuparse
la vida golpeará tu puerta,
y junto al sonido de la aldaba
tu mente dejará de ser esclava
al ver   a la *pre*ocupación   muerta.
Pasa lo que pasa,
y lo que no ha pasado
imposible es hoy que ayer pasara.

La lección (2024)

Tuve un día entre mis manos
un ser vivo que no era mío:
entre la carne de mis palmas
había, erguido, un animal
que no era carne de mi carne.
    Tuve un día entre mis manos
la oportunidad de que el dolor
fluyera afuera como ríos de lava,
y al imaginarme haciendo daño
me vi como un extraño.
    Hoy miro con esperanza el futuro
al saber que, desde el presente,
mil puertas hay abiertas al amor.
    Hoy sé que la lección
consistió siempre en amar
a pesar del miedo y nunca odiar,
aunque los argumentos sean muchos

incluso hoy y quizás mañana.
    Con todo, rehúso a sentir orgullo,
a hacer cuento de historia,
a matar a hachazos mi memoria
o a abjurar de mi masculinidad.
    Con todo, sé que la gratitud
debe latir en la capacidad
humana de hacer que el dolor
de toda circunstancia sufrida
se convierta en responsabilidad
cuando plena y firme sea la libertad.
    Es ahí donde la lección
deja de ser un sórdido recuerdo
y brota y crece hasta ser obligación.

La noche

I

Transitar *la noche* te dará
la luz oculta que no pudo
el brillo de los días darte.
    Abrirás en dos el fiel vacío
que, siempre aparente, atenta
dejar de existir y ser aquí.
    Lo desgajarás y quebrarás el frío
amenazante y te darás cuenta
de que el secreto estaba en ti.
Transitar *la noche* te dará
el espacio que no pudieron,
para crecer, tus fronteras darte:

ampliarás así infinitos márgenes,
y tú, que pensabas que crecer
nos daba más placeres que dolor,
verás que, en realidad, era el honor
de saberte capaz y no el placer,
el porqué la mente crea cárceles
con minotauros en su interior.
Transitar *la noche* te dará
todo lo que el día no te dio:
del miedo que ayer te dominó
el coraje al alba brotará.

II

Quizá pienses que no vale la pena,
y, en esencia, da igual dónde estés,
pues razón tienes cuando niegas
que en medio de la pena una alegría
podría matar la noche
y engendrar de sí un nuevo día.
   Quizá pienses que no vale tu esfuerzo,
pero eso sólo lo que piensas hoy:
la noche oculta luces escondidas
en los inhóspitos rincones
donde sólo los que continúan
—aun cuando sus fuerzas parecen perdidas
y del viejo encono hacen canciones—
el amor en la vida perpetúan
y a la Muerte dejan sin almuerzo.

III

Continúa.

    Cierto día llenarás con tu luz plena
la ausencia de todos los espacios
y escanciarás tu vino en los palacios
donde antes la vida no era amena.

    Tanto da si esos palacios son reales
o si es que en tu mente caben reinos
celestiales, naturales, tropicales
o de colores que nadie ha visto,
que cuando *la noche* llegue,
te tentará con crear en tus adentros
la negrura digna   cien avernos.

    Entonces, transítala; entonces, abrázala,
acógela y ábrele las puertas al Diablo,
espérale esbozando en la comisura
de tus labios la sonrisa y una hoguera
tras de ti   donde al Mal calcinarás.

    Camina firme, pues cada paso dado
en la noche alienta la nueva luz
del resto de días que vendrán.

    Quizá pienses que la carga es muy pesada,
que cederá en tu empeño el alma arrastrada,
pero da igual: cuando no sepas dónde ir
camina, sigue, avanza, que el devenir
tras la noche no abre cercas sino puertas
de aquellos otros Cielos que antes
              no existían
sólo porque tú no los pensabas.

AL ALBA

Al alba veo ya, aún despeinada,
abriéndose entre el crepúsculo
como una idea abierta en dos,
trayendo luz e inicio por igual,
 a dos significados en uno:
traza en la misma palabra desnuda
el conjuro que a la realidad dual
sumerge, junto al dios Neptuno,
en la fosa en que *la mentira cruda*
quería hacer de la vida una ilusión,
dejando hundido al dios Poseidón
y a la Humanidad sumida en una eterna duda.
Pero el vocablo veo abrirse en dos
 como una flor, como una cala
que se ha cansado de ocultar
 los porqués de su nombre.
Ve *al alba* una maravilla ya prendida
sin necesidad de verbos encendida
cómo deja en cueros a la oscuridad:
porque *al alba* no hay más luz
que la luz de la verdad.

Vivir: nacer o morir

Quizá la vida y la muerte no son ideas
tan contrarias como sí complementarias.
Entre el tumulto se alza, tímido
y enhiesto el nacimiento como opuesto
verdadero a la noción de morir.
Pero entre tanto estímulo,
a menudo soñamos con matar el miedo
más que con habitar la vida.
Queremos conquistar el hoy,
pero el mañana nunca existe.
Y en el corazón de la confusión ahí está,
el nacimiento, quizá el oxímoron
exacto, el símil más abyecto
a la contradicción de morir.
Se va uno y no puede recordarlo,
nace uno y no lo puede explicar.

Irán delante

Llegará el día del desvelo
azuzando un cielo amarillo,
llenarán de rosas rojas su pelo
y alrededor, los niños en corrillo,
jugarán y brillarán como un destello
porque tras el desvelo un mediodía
tronará de sus entrañas como el sello
estamparse al tempo de la melodía
que cantaron todo el día sin parar.
Luego, el amanecer se hará esperar,
pero al alba un olor profuso emergerá

y a los que creyeron les hará llorar
porque un segundo antes su fe perecerá;
descenderemos la ladera y hacia el Este
ese nuevo Sol nos cubrirá de honor,
pues ya habrá muerto el tiempo agreste
y por fin abrazaremos el amor
que creímos muerto antes de partir.
Pero volverán los corazones a rugir
y las zarpas, habiendo tomado el tribunal
y aniquilado el mal, sabrán el futuro asir
pues del Pueblo es la Victoria Universal.
Será el olor amaderado ocre anaranjado
y seco, el que nos despierte de la pesadilla.
Será, el fruto de la Humanidad arrebatado,
devuelto a nuestro seno en plena orilla.

Los niños, esta vez, irán delante.

En esa misma hoguera

Agradece al caminar el pulso
que las tristezas del ayer
avivan hoy tu corazón.
   Alienta al respirar aquel latido
que valida en tu mirada
la entereza que decías no tener.
   Abraza la alegría cuando llegue,
extiéndela como un manto
y que sea tu sonrisa el firmamento.
   Adereza con ardor la medianoche
y hazla tuya en una hoguera
donde ardan hoy los mil demonios.

Que de la luna la lágrima
sea dulce y brille el cielo,
que *al alba* el amor te mire.
    Ama, ama desde donde sea,
pero ama de verdad y que se muera,
en esa misma hoguera, el viejo odio.

El sueño del guerrero

I

Hoy, que la máquina domina
esta narrativa que al hombre mina,
le pregunto a todo ser humano
si sería capaz de tender la mano
a un poder prometiendo redención
por miedo a la revolución.
    Hoy que la máquina   sola   *maquina,*
hoy que en sus ensueños extermina
la capacidad de nuestra hombría,
hoy le pregunto a la mujer si cabría
la posibilidad de que la mentira
viniera del que señala al que conspira.
    Hoy, hoy que la máquina amenaza
con separar al hombre de *su coraza,*
os invito a conspirar contra el mal,
a abrazar, reír, amar, a ser natural
y a dejar que el alma artificial alimente
su propia muerte
                  así
                        muy lentamente…

II

Si me preguntaran de qué certezas
es que un guerrero ha de proveerse,
sólo te diría que ha de saberse
que en su mente habitan fortalezas,
  grandes como el albor de sus rarezas
ilumina y pinta el día más negro.
Te diría que en realidad me alegro
de que en su verdad todas las bellezas
  se ven representadas con igualdad.
Para el guerrero no hay mayor novela
que el ver un día, confiada y risueña,
  a la mentira proclamar la verdad:
que el guerrero ninguna guerra anhela
porque con el fin de la guerra sueña.

Utopía

Do not go gentle into that good night.
Rage, rage against the dying of the light
DYLAN THOMAS

Si existiera un día la utopía,
¿tendrían sentido los telediarios,
los anuncios, la radiofonía,
la cola del súper, los calendarios,
los hitos de la Historia, la letanía
de días mundiales poniendo el foco
en que siempre habrá un problema?
Seguramente no.
                No, porque la utopía

es inalcanzable como el presente,
que no puedo ver, ni oler, ni tachar
de ilusión inexistente.
    A cada paso el ser humano vive
la posibilidad de ver la realidad
fruto de un azar huérfano   o hija
del milagro más maravilloso.
    Cada cual decide: el libre albedrío
es una ley unánime y común,
incomprensible como el vacío
que algunos confunden con la Nada.
Por mi parte, abriré una petición al Cielo
para que acepte esta acepción:

que la utopía
es en las calles la alegría.

Creeremos

Hoy es siempre todavía
ANTIONIO MACHADO

Quizá algún día el paradigma
o la costumbre de ofendernos
ante la verdad y defendernos
de lo que hoy es simple estigma
termine igual como empezó:
siendo sólo una ilusión.
          Llamadme ingenuo, cándido.
Habita en mí una esperanza,
una llama prendida, dorada
cuando el joven habla lo que ayer
era tabú, negra y resignada

cuando en la televisión algunas voces
cacarean como un asno dando coces.
      Ojalá ese día fuera ya.
Desde aquí te invito a encarnar
el don de los profetas: recordar
un mañana que quizás jamás exista.
    Algún día lo crearemos.
      Por el momento, creeremos.

Alquimia

Te miro, te tengo de frente,
y me dice tu rostro silente
que una rara alquimia une
la urdimbre que un dios inmune
tejió en el hombre y la mujer.
    Contempla mi ojo derecho
tu pupila izquierda; se dirige
toda mi hombría a despecho
hacia donde tu diosa se erige;
descansa en mi copa tu niño,
mientras que el mío tiende
una mano plena de cariño
donde tu luz de niña prende.
    Encajamos armoniosos,
somos cadencia incomprendida;
en tu luz de niña hay escondida
la copa donde la lágrima contenida
espera el nacer de los días gloriosos.

La voz de la poesía

I

No son los ojos tu mirada,
no es tu forma tu contorno,
no es tu carne, son tus huesos,
 pues no es tu alma sino *tú;*
son todas esas cosas que no nombras
es la esencia tras la cáscara,
el caramelo sin el envoltorio
que nadie ve: eso, eso eres tú.
   Y que el resto no lo vea
de verdad, no debería apenarte,
aunque sí más bien compadecerte.
Hónrala: poeta y poesía eres hoy.
Desde el papel
te habla ahora
tu voz.

II

Cuando la melancolía abrace tu corazón
y las horas se hagan oscuras, espesas, duras,
abrázate en mí y que la poesía te alcance.
   Cuando sumerjas tu fe en un mar de dudas
y ni los otoños logren que el dolor desaparezca,
  sostente en mí y que esta rima te mezca.
   Cuando ya no veas motivos por los que vivir
 y pienses que con penas pagamos alegrías
enraízate en ti y que estos versos te eleven.
   Cuando creas que ya nadie cree en ti
mírate al espejo y clámale al espectro:
—¡Que sí, que siempre hay poesía en mí!

III

Quisiera que esta voz
cumpliera sueños y no años,
quisiera que esta voz
llegase lejos algún día.

   Quisiera que esta voz
volara hasta los confines
imaginarios del Cielo
y que, allí, se desplegara
en un tono
        arrebol
           añil
            y puro.
Quisiera que esta voz
fuera vigorosa en el dolor,
de terciopelo en la ternura
y sorda ciega muda
si la ilusión desnuda
amenazara con vestirse.

   Quiero que esta voz
sea tan amada
que, incluso ahogada,
ruja como un león
al que le han dado altavoz.

   Quiero que esta voz, ahora,
me saque de la duda:
quiero saber quién hace el poema,
si el que poesías escribe
o la voz que los alienta.

La herencia

pues alguna vez habría
paz en la red,
no un mar de duda
IDA VITALE

Cuesta poco imaginar
en un mundo mejor;
lo que cuesta es despertar
de la ensoñación y hacerlo andar.
Pero ocurre que los hombres
que mejor hoy aman no se atreven
a decir lo que sienten:
han dejado que la dura razón
petrifique, entero, su corazón.
Saben la verdad,
pero callan.
   La herencia será la vida,
y la vida será de los que aprendan
a hablar hoy la lengua de siempre:
la del ayer y del mañana.
 El hombre abrazará fuerte de nuevo,
acariciará la piel y el aura
de la mujer, y de sus labios
la sangre derramada del pasado
morirá porque el amor habrá vencido.
Amará como siempre hubo de ser.
Habrá enterrado la espada,
la guerra no tendrá
poder sobre su alma.
  Y dirá *«de quiero libre»*
   como quién dice *«te amo mucho»*.

Galaxias

Quizá es por lo vivido que no sé
si colocar el sexo en un altar
en el infierno o dejarlo en un rincón
oculto allí en los cielos.
No lo sé.
       Sí que intuyo que en la soledad
el hombre, más que refugio,
halla su verdad, la eterna libertad
de ser uno mismo sin rencor,
y que, una vez sanada la herida,
sólo quiere que en su vida
entre *el alma*, el corazón, Sinceridad
vestida de mujer o de beldad.
Porque a veces el consenso
me empuja a pensar en el acto maquinal
más que en el placer auténtico
que me otorga el imaginarte aquí,
tendida y ambos estirados,
desnudos, sudados y bañados
de luz de luna y el olor de los inciensos
jugando a crear galaxias en ti.
Y en el viaje nace una supernova
y a su alrededor diez mil estrellas,
desde esta tierra una constelación
y las nebulosas al instante
crean formas e ilusiones fijas
más allá de nuestro alcance,
y que los agujeros negros
se mueren en su negrura
por la soberbia de absorberlo todo,
y en el viaje otros planetas habitables

nacen de esta danza en la que tú,
encima y tú, debajo,
en la que yo, tú, ambos
besándonos la vida damos forma
a la luz, luz de las galaxias
que creamos en la danza,
mientras tu aliento en mi oreja
        indecibles cosas dice
            en un gemido
entrecortado y extasiado y yo jadeo.
Ahora un nuevo mundo
nace de la unión y el Universo
se deleita (en)tre nosotros,
dos humanos que hacen del amor
algo más que sólo amor.
Quizá es por lo vivido, no lo sé,
pero un fuego a veces *lava*
mi interior recorriendo las estancias
de mi ser que pone el sexo en un altar
del infierno o lo oculta en un rincón
del cielo que anhelo yo habitar.
   Pero galaxias crearemos
siempre y cuando lo que dicen del amor
no sea sólo mito, sino verdad:
que es el único remedio certero
a los que lo sueñan por entero.

Gota a gota

No puedo partirme en dos,
pero sí reconocer que a cada llanto
algo se desprende de mí
y que gota a gota
junto a estas ha ido cayendo
una parte de ti, pedazo de lo que fui.
Aunque parezca que no estés ya,
ni en mi memoria ni en mi presente,
has de saber que lo que al corazón llega
raramente del corazón se va.
Algún día reuniré la osadía
capaz de sonsacarle al cielo,
de conquistarle al fuego,
la respuesta a por qué hoy día
aún recuerdo tu sonrisa
agazapada y sin prisa,
y se me hincha de paz el alma
y, por mucho que una sola vez,
nos hayamos mirado y sonreído,
la brisa viene a traerme calma
cuando pienso en ti.
　　Procuraré aguantar la pena
y estar en el sendero, en tierra fértil,
para que así, a cada lágrima que caiga,
si no nacen rosas, crezcan nomeolvides

Al pasado

I

Sería inútil hablar del pasado
y pretender hacer valer
que está en la hoguera calcinado,
pero quizá más inútil sería
actuar como si ya nada doliera
cuando por dentro duele todavía.

Por eso es por lo que al pasado
es mejor agradecerle lo vivido,
pues pareciera que el olvido
más revive cuánto más se pisa.

Al pasado no hay que pisarlo,
sino alabar que sea su savia
la que, al agradecerla, calcinarlo
logra junto con su rabia.

Sería inútil hablar del pasado
y pretender hacer valer
que en las cenizas de lo quemado
no es donde se halla el renacer,
pero quizá más inútil sería
callar por temor a exponer esto.

Todos los pasados muertos
respiran vivos en la poesía.

II

Jamás os pedí que fuerais padre,
y aun así insististeis.

¿Cómo iba yo a curar una herida
que durante doce años no era mía,

sino dueña de la oscuridad remota
que en el olvido se ocultaba?

Jamás os pedí que fuerais madre,
y aun así estuvisteis.
Viví una adolescencia inconsciente,
y, en mis impulsos, argumentos
libraban por libre una batalla
que apenas ayer hice consciente.
No necesitaba nuevos padres
ni nuevas madres de mi edad,
como mucho espacios donde crecer,
mentes abiertas libres de prejuicios,
hombres y mujeres con la valentía
de mirarse la cara a la luz del día
y decir la verdad, ser vulnerables.

Jamás os pedí que me cuidarais,
y aun así lo hicisteis.
Os lo agradezco, de veras.
Ahora, si os digo que en mi partida
hubo la verdad callada de mi herida,
podréis apenaros sin motivo,
podréis enfadaros sin razón,
pero jamás sentiros orgullosos
y ni mucho menos victoriosos.

En el corazón guardo el recuerdo
de una enseñanza a propagar:
cuando al niño del niño han dañado
sólo el poder propio recuperado
y el sentirse capaz sobre lo pasado
cura al niño que, en el hombre herido,
a veces llora en sueños por las noches.

Bandera

Creo en el amor,
aunque las flores mueran
LUIS DÍAZ VIANA

Hay una gota de aliento
en los vasos ya colmados.
Hay un hebra de esperanza
que ciega los ojos ya cerrados,
y acalla el grito que ayer silenciamos.
Hay vida incluso cuando ésta
parece inerte y puesta
a espaldas de los hombres
que sólo quieren amar.
   ¿Cómo, entonces, vas a defender
un mundo escaso, de mudas
declaraciones de amor, de ocaso
eterno que quiere ser eterna
primera luz del primer alba?
   Un eterno presente asesina
al pasado, al futuro, a los subjuntivos,
pero la esperanza persiste firme
cómo la raíz del tronco grueso.
   Lo que callan los hombres
que aman hoy   es ya mañana
la bandera que nos hermana.

Tu abrigo

Bien podría decirse
que vivimos
puerta con puerta,
pero que entre nosotros
hay nadando un mar de lenguas.
   A veces escupen fuego
y otras veces esputo,
pero sólo cuando al juego
de las miradas de instituto
tú y yo jugamos,
es que la brisa del apogeo,
fresca   fría y feliz   sin prisa,
se las lleva de paseo.
   Entonces es cuando tú,
te abrazas a tu chaqueta
y quieres irte, hecha coraza.
   Entonces es cuando yo,
me amarro a mis bridas
 y quiero decirte, hecho mordaza:
«espérame, que me *des*brido:
esta noche, yo seré tu abrigo».

El rubí

Amaranto en el camino
y el invierno es una flor
para los que en el destino
depositaron su furor
olvidando la esperanza.

Sueños rotos sin sentido,
y las amapolas crecen solas
sobre los campos del olvido
convirtiendo anhelo en olas
que jamás verán la orilla.

La inmortalidad siempre en ti
y tú diluviando mares,
mientras todos ven el rubí
que, en tus glóbulos solares,
les hace arder el corazón.

Amaranto en el camino
y los almendros ya hacen flor
para los que en el destino
depositaron su furor
abrigando su esperanza.

Arte y Redención

> *¡Si tengo un corazón es para que arda!*
> SILVINA OCAMPO

Mirarte a lo lejos y que los pies
anden solos y que las comisuras
dibujen por sí mismas la sonrisa.

Acercarnos lentamente y sinuosos
como los felinos en la noche,
nerviosos, cautos y ardorosos.

Acariciar la frente con la frente
y advertir la mera línea amiga,
y en ella ver morir a todo frente.

Besarnos las mejillas, la nariz,
antes de que la sábana arda y cree

de este fuego un matiz nuevo.

Poner en mis labios tus labios todos
y libar los estigmas, cruzar el umbral,
crear un sismo en *algún punto*.

Contemplar el brillo de tus ojos
mientras abajo la marea
se lleva al pasado y sus enojos.

Surcar, en lo que dura un éxtasis,
el océano plagado de vacíos,
en el que tú eres puerta en alta mar
y yo el ariete que te invita a amar.

Crear allí una constelación
tres nebulosas y una explicación:
hacer, de lo nuestro, *Arte y Redención*.

Antes del altar

Hoy me siento aquí a pensar
en el tiempo que aparentemente
de las manos se me fue,
como si a veces horas
                minutos
                      y segundos
pudieran asirse
y así sonsacar
de ellos el fruto que nadie vio
excepto cuando una hoz
parece mover las agujas del reloj.

Porque cuando digo que las arrugas
testimonian la experiencia
de la que los mutismos del tiempo

jamás podrán explicar
me miran extrañados:
creo que piensan que les digo
que el Ser Humano es inmortal
o una especie de espíritu latente
que palpitará por siempre.
    Hoy aquí sentado veo que es mentira,
que esos años jamás fueron en vano
que el reloj jamás me va a pedir la hora
ni a castigarme por haber querido
aprender a amar   antes del altar.
Hoy aquí sentado pienso
que el silencio activo
                cuando en la vida
                        hace invierno
entierra honda la semilla
de lo que jamás podría venir
si nos dedicáramos a vivir
todos (sanos, heridos, exadictos)
como si el mañana no existiera,
o como si la realidad fuera
siempre superior a la verdad.
    Hoy me siento aquí a pensar
y veo que en la pena que sentí
sólo había un crisol
donde ayer fundía azufre
y hoy irradia el *Sol*.

Que vine sólo a amar

Podría contarte que vine sólo a amar
y esa no sería toda verdad,
que en una cama fría
no hay hueco para soñar
con ver algún día
el Sol de Virginia retoñar,
o el Gran Cañón del Colorado
bañado en un atardecer dorado.
Y claro, eso sería mentir
o ser el fantasma que jamás fui.

En cambio, sonrío al escribir sobrio
que caminaré sereno en el centro
de la media luna fértil,
que entre el Tigris y el Éufrates
sabré porqué el Edén no estuvo allí,
sino aquí, y entonces se dibujará en mí
una sonrisa de lunes creciente;
veremos desde el aire el Iguazú,
nos sentaremos a meditar
a las faldas del Kailash,
y la tormenta nos encontrará
durmiendo en plena noche
en el interior de la Pirámide de Keops,
oiremos rugir la masa de agua caer
ante las Cataratas del Niágara,
veremos las nieves del Kilimanjaro,
y tu estarás entre mis brazos
evocando cuentos y leyendas
mientras la luna llena ilumina los frisos
del Mausoleo del Taj Mahal;

haremos escala en Rusia,
anidaremos en Moscú,
caminaremos por la Muralla China
y miraremos como tontos al cielo
a ver si el satélite nos capta
o si todo eran mentiras
de sapo y lengua bífida;
veremos a la Hélade emerger,
porque recibí la bendición en Delfos
y el Acrópolis nos dirá
si la vida es sueño o no;
cruzaremos en barco el Atlántico
y atracaremos en el Salar de Uyuni
para mirar arriba y no saber
qué es el cielo y qué es el mar;
nos amaremos mientras la brisa
en las palmeras de Phra Nang hace *el remor,*
auscultaremos mares en Australia
y oleremos la Tierra del Fuego,
le robaremos al Sáhara una pizca de su arena
e iremos de Estambul a Samarcanda,
jugando a comparar arquitecturas
como dos expertos bajo bóvedas
entre historias, turquesas y leyendas;
conversar desde una cama,
quizá en la India quizá en alta mar,
cómo sería al tacto, la textura de unos dedos
que tocan ahora una columna, una begonia
de los Jardines Colgantes de Babilonia…
y perdernos allí, en esa ceremonia,
como dos amantes que se han cansado
de buscarse… y que al fin se han encontrado.
Podría contarte que vine sólo a amar,

y esa sería

exactamente

toda la verdad.

Bodas en el Cielo

Te preguntas si será verdad o no
que mientras que el Infierno
una guerra urde, el Cielo
una boda está tejiendo.
  Y sí, es cierto, aunque de verdades
este asunto no es que conste,
sino más bien de ley, de atracción,
de una fuerza   acción y reacción.
  El amor más grande que uno siente
es el que le obliga a estar silente
y a fortalecerse siempre a oscuras
por heridas que médicos no curan.
Por un amor así es que el Cielo
llamará a tu puerta un día.
Verás al fin abierto tu destino:
no te ofrecerá placeres vanos,
pero sí el significado de tu vida,
siempre al abrigo de un camino.
  Con certeza sé que soy testigo,
pero también protagonista
de esta verdad que estoy viviendo:
sé que cuando el Infierno
una guerra está urdiendo,
es porque el Cielo
una boda está tejiendo

Siento un alma

¿Qué ocurre?¡ Siento un alma
que me habita y que no es mía!
    Es un alma que me llama desde fuera,
es *proclama* al son desde una era
más presente a medida que la oigo.
    Habla y yo la escucho. Sí, digo bien,
pues al parecer mi alma anda dispuesta
a prestarle a *Ella* la atención debida.
    No suena nimia ni es voz fanfarrona,
no es densa, dolida ni *cansina*,
sino una rara especie de certeza,
como *savia* que por la corteza
se desliza con la voz de la fiel Sofía.
    A veces caigo en el desánimo, lo sé,
pero el día que leas esto has de saber,
que los dones humanos son propiedad
de los que se exploran con piedad.
    Será inevitable nuestro encuentro.
Siento un alma que me habita
en *el* empíreo llamado Eternidad:
es una alma viva que no es mía,
sino sólo mi mitad.

Casi un sueño

Imagina que eres águila o azor
sobrevolando una llanura
color verde apagado y a lo lejos
el Sol muestra su último esplendor,

y sobre el pasto, la bravura
de manadas de caballos disparejos
corriendo siempre en libertad.

Bañan sus pieles el ocaso dorado,
los ves alejarse algunos tordos,
blancos, alazanes, uno requemado,
bayos, castaños, negros píos
al son de una melodía que a los sordos
sanaría por entero sus oídos baldíos.

Y ulula el viento y mueve con su brisa
el verde apagado y casi sin vida
con el que el setiembre convida
a la contemplación y al fin de la prisa.
Imagina ahora que esa aura susurra
en tu rostro su voluntad y su empeño.
Imagina que esto es casi un sueño.

Flor en la adversidad

A los que crean hoy
el arte del mañana

I

Hay una flor que nace
de la sangre
que producen sus espinas.
Es su hábitat baldío
y su corazón a veces late
aún si alrededor todo ha muerto.
Crece su leyenda porque dicen
que sus hojas y tallos brotan
entre el dolor, y que su sabia

y su olor a los soñadores dotan
de inspiración, y a los que odian
y no aman, los llena de resabia.
Dicen que es *ella* un mito,
que proviene de una tierra
yerma y áspera llamada adversidad.
Los que la han visto
dicen que su madre es la verdad,
y que por eso hoy el mundo la destierra.
Flor en la adversidad,
fruto del desierto,
si buscas tú la libertad
primero escucha esto

II

Flor en la adversidad,
fruto del desierto.
   Hiciste de tus espinas fortaleza
y de tu sangre brotó belleza;
nacieron de tus hojas la canción
que mañana todos cantarán,
eres del linaje de una habitación
cerrada que los días llevarán
en su seno, entre sus brazos,
protegiéndote entre abrazos.
Pero hay algo en ti. Es un hilo
una brizna, una luz filtrándose
entre mil y una gente odiándose
trayendo gloria, paz y olor a tilo.
   Flor en la adversidad,
fruto del desierto,
dime para qué caminar

si desaparece el camino
siempre que se empieza a andar.
¿Será que te hiciste una coraza
de lienzos, teorías, compases,
versos, imágenes, fotografías,
cinceles, muros y coreografías?
Da igual. Los que entendemos
tu sudor siempre te veremos
apuñalando la trivialidad.

Flor en la adversidad,
fruto del desierto,
tú, tú que lees esto.

III

Germinó soñando con la libertad,
bajo la aridez de un lugar baldío,
ardía en su seno el fuego del brío
y en sus ojos latía una gran verdad.

Creció entre la estepa con dificultad
por crear en este mundo sombrío
luz, luz entre las sombras del gentío,
y es por eso que es *flor en la adversidad*.

Camina entre las losas poco a poco,
y seguirá, porque a este mundo loco
le conviene que, *el loco*, de cordura

pinte lo que el cuerdo nombra locura.
Diles que eres tú fruto del desierto,
flor de adversidad *Tú*, que lees esto.

El chicle

Si sólo existen perspectivas
(una para cada par de ojos),
entonces, eso de la realidad objetiva
es algo más que una mentira.
Como el chicle que se estira
el embuste se ha hecho quiste.
La mentira repetida, la del mundo
hecho de un axioma incontestable
y varias verdades consabidas,
es mentira, sí, y repetida,
repetida como el chicle que se estira,
mentira que gira y gira hasta dar
con el otro extremo de la mentira:
mentira repetida que no alberga final.
No hay realidades absolutas,
sólo una verdad urdiendo realidades.
Las mentiras sólo son
verdad si uno las cree.

Al alba

Nadie es profeta en su tierra
LUCAS, 4:24

I

Cantan por doquier fantasmas o el ayer,
dicen, ¡viva España!, pero no es mujer.
Arrecia el viento con su melodía:
dice haber amor, pero no alegría.
¿Qué habremos de hacer si viene la Muerte?
Ponerla ante un espejo, ¡y Muerte inerte!

Dice que España es patria diferente
el que a su verdad es indiferente,
pero aquí la realidad sigue siendo
una sonrisa a modo de remiendo
con que ganarse el favor de los dioses
que la Iglesia condenó a los desgloses.
Aun así, al que cree en un Dios sin saña,
¿cómo poder decirle qué es España?

¿Qué habremos de hacer si viene la Muerte?
Ponerla ante un espejo, ¡y Muerte inerte!

Para el primer paradigma, la Ciencia,
España es un país, nación, herencia
de un mestizaje más que milenario,
nieto del *dracma*, hijo del *denario*,
herederos todos del fruto de Ainé,
por mucho que sea Hispania el pagaré.
Los mapas nos sitúan en el centro,
en una tierra que es el bello encuentro,

donde norte y sud fueron separados,
a golpe de escuadra, cartabón y grados
por los que dicen unirnos en aras
de crear un mundo de ideas claras…
Entonaba ayer la Ciencia un *no sabes*
que acaba de morir entre zarzales.

¿Qué habremos de hacer si viene la Muerte?
Ponerla ante un espejo, ¡y Muerte inerte!

Hace siglos que nuestra Política
parece dueña de una sangre mítica,
en sus cloacas muere la crítica:
la voz de la gente, paralítica.
Si antes era el mazo o el garrote vil
hoy es la servidumbre del buen servil
que, con sus ademanes de gran viril,
se tiene por digno rey de este redil.
Aun así, por fortuna, el Pueblo cambió
y *el pastel* del hemiciclo se partió:
ahora por la calle las cámaras
hacen de invisibles antecámaras
al fin último de la Política:
que esta España sea monolítica.

¿Qué habremos de hacer si viene la Muerte?
Ponerla ante un espejo, ¡y Muerte inerte!

Fuimos milagro para Economía,
pero hoy somos la figura sombría
a ojos de los que no nos conocen.
Pero, quietud, ¡y ancha sonrisa esbocen!:
todos los que transitamos la vía

por hacer de esta vida poesía,
¡el amor, cuando se apaguen las luces,
haremos!, muertas ya todas las cruces.
Lejos de los milagros del pasado
ni *el oro de aquel siglo* ha perdurado,
¡suerte tuvimos de aquellos artistas
que arrojaron luz entre las aristas!
A ellos les debemos que hoy España
sea algo más que zarpa, sangre y saña.

¿Qué habremos de hacer si viene la Muerte?
Ponerla ante un espejo, ¡y Muerte inerte!

España es coja a ojos de la Religión,
poco más que una satánica nación
que ya no reza ni asiste a la misa,
caminando hacia su eterna sonrisa
con menos fe que *el hijo de un vencido*
ignoto como al que a ella no se ha unido.

Habla desde su púlpito el *no debes*
ensalzando y adorando *al dios Jueves*:
dice que España es la nación perdida,
que la zurda fue quien causó la herida,
mientras la diestra «adiestraba» el corazón
«por amor» a las gentes de esta nación.
¿Qué es España?, pregunta en sus consejos.
La vieja Hispania, ¡*tierra de conejos*!

¿Qué habremos de hacer si viene la Muerte?
Ponerla ante un espejo, ¡y Muerte inerte!

Viene *al alba* el tañer de las campanas:
quiere saber por qué es que a las mañanas
la luz del Sol que antes no se ponía
ahora busca dar fin a su agonía.
Parece como si alguien, al preguntarse,
«¿qué es España?», tuviera que adentrarse
en mitad de una gran herida abierta
para obtener cualquier respuesta cierta.

II

¡Y cantan por doquier los ancestros ya!
¡Su voz enarbola desde el más allá
el rugido *al alba* al son de la canción
que trae en su melodía la ocasión!
Será el Pueblo quien la cuerda destense,
poniendo fin a *esta* función circense.

Abre una estrechez minúscula el Cielo,
se filtra por el nubarrón el hielo
hecho haz de luz, imán de los ojos
de todos a los que llamaron flojos
por defender que el Mal bien podría ser
inyectado para mermar el poder
de un pueblo al que antaño se le decía
que la Conquista el vientre nos nutría.
Obviamente, eran falsas ambas cosas,
y es hoy que España lleva las esposas,
mordazas y grilletes… como el resto
de la gente, que al dios *Tecnos* ha puesto,
como ofrenda votiva, su libertad,
haciendo de la mentira una «*verdad*»:
que pueda ser la realidad virtual

más consenso que la vida natural.
¡Y cantan por doquier los ancestros ya!
¡Su voz enarbola desde el más allá
el rugido al alba al son de la canción
que trae en su melodía la ocasión!
Será el Pueblo quien la cuerda destense
poniendo fin a *esta* función circense.

Aun así, clama audible la Esperanza,
dice que el amor todavía danza
haciendo en el corazón de lo humano
lo que Dios querría hacer con su mano
en este mundo si las avaricias,
violencias, privación y codicias
fueran repugnadas y despreciadas
como en verano un cocido de habas.
En esta danza, rubia, la Esperanza,
se alza hasta donde ningún ojo alcanza:
declara que en su seno aún alberga
en su espera a que el humano se yerga.
Afirma haber libros en su biblioteca
defendiendo a gritos la verdad hueca:
que sólo *Los hijos de la Guadaña*
pueden responder al «¿quién es España?».

¿Qué habremos de hacer si viene la Muerte?
Ponerla ante un espejo, ¡y Muerte inerte!

Por las calles la gente busca verdad,
afirma sentirse sin identidad,
nadando entre estantes de *consumación*
y un mar incierto ante tanta información;
afirman que una voz tras cada esquina

oculta cierta intención sibilina,
cuando dice, con voz meliflua y fina,
que su fruta es *la verdad divina*.
Ante la publicidad, su identidad
queda oculta como una veleidad
buscando razones a sus antojos,
pero son los anuncios los cerrojos
a la lógica capacidad de hallar
en el espejo alguien a quien mirar.
¿Qué habremos de hacer si viene la Muerte?
Ponerla ante un espejo, ¡y Muerte inerte!
¡Y cantan por doquier los ancestros ya!
¡Su voz enarbola desde el más allá
el rugido al alba al son de la canción
que trae en su melodía la ocasión!
Será el Pueblo quien la cuerda destense
poniendo fin a esta función circense.

Aun así, campan a *derecha* y *zurda*
pancartas, una realidad absurda
dirigida a una clientela capaz
por sí misma de obtener la ansiada paz.

Y la Política dirá que España
es quien fielmente apoya su campaña,
que todo aquel que esté fuera del juego
tendrá que convertir su voz en ruego
y que el rugido de todo poema
será tachado de serio problema…
si este es de Estado, de Nación o País
importará poco si al final unís
en una sola voz el vivo clamor,
que España no será *una* sin amor.

Y dicen los médicos y astrónomos
que no existe tamiz ni metrónomos
capaces de dotar al alma humana
de aquella inteligencia soberana
con la que responder a la pregunta.
Alegan todos de forma conjunta
que en este tema es la psicología
de más ayuda que la poesía,
y que tampoco la filosofía
sabe volver al alma a su armonía,
pero en la sala de espera hay gente
a la que le dijeron que es *«demente»*
porque a la pregunta «¿quién es España?»
dijeron: —Todo país es patraña.

Y los lobos que van hoy trajeados
sueltan en carcajadas sus pecados.
Van y afirman que España es como Roma,
una nación en que el único idioma
que la gente debería hablar aquí
es la lengua del «conmigo o contra mí».
Ríen como si fueran cocodrilos
y en sus colmillos se ven los estilos,
las tretas, las artes de un lazarillo
y la misma *sonrisa de caudillo*
que el rey de todo pueblo esbozaría
en nombre de la diosa Economía.
Es hoy España la hija de la fiera,
pues fiel amante es de la Quimera.

Y viene el cura a curarnos del gran mal,
del oro que al ser humano hace animal.
Nos dice que el dinero es un ser vil

y que siempre España será del servil.
En sus arcas, monedas y diamantes,
en su historial, una lista de amantes
y en el seno del Pueblo corre el rumor
de que esta España está falta de amor.
En voz bajita dicen ser creyentes
de una institución que *construye puentes*
religando castillos en el aire.
Hay, pese a todo lo que diga el fraire,
la noción de que no hay que ser canciller
para ver que España es cosa del ayer.

¡Y cantan por doquier los ancestros ya!
¡Su voz enarbola desde el más allá
el rugido al alba al son de la canción
que trae en su melodía la ocasión!
Será el Pueblo quien la cuerda destense
poniendo fin a esta función circense.

III

¡Se ha prendido en el firmamento una luz,
y abre en el horizonte *al alba* una cruz!
Viene esa verdad por siempre aclamada
alzando en su aurora una llamarada,
y en los Cielos escuchan la llamada
los que por *la única* patria amada
dejaron de preguntarse con saña
cuál es la respuesta al «por qué es España».
Por las calles veo la confirmación,
en los ojos de la gente la razón,
al alba se alza hoy la poesía:
utopía es por doquier la alegría.

Al que viaja y en los márgenes deja
la nación como motivo de queja
acostumbra a decir que aquí en España
ni la tormenta nuestro humor empaña,
que del Cap de Creus al Golfo de Cádiz
y hasta Finisterre, aquí, el cáliz
contiene una verdad más bien terrenal:
que el español es *el hombre general*.
A falta de los sellos oficiales,
los mayores enigmas naturales
vendrán siempre de la mano del «por qué».
Aunque parezcan preguntas de bebé,
son siempre las cuestiones inocentes
el interrogante que los valientes
anhelan poder llegar a contestar.
No ha podido el más sabio argumentar
por qué «el porqué del por qué» debe importar,
mientras que, también hoy, eso del pensar
se ve como aquel artificio triste,
arma de los alérgicos al chiste.
Aun así, ¿cuál es *la causa* de España?:
hay motivo a cosa tan extraña?

¡Y cantan por doquier los ancestros ya!
¡Su voz enarbola desde el más allá
el rugido al alba al son de la canción
que trae en su melodía la ocasión!
Será el Pueblo quien la cuerda destense
poniendo fin a *esta* función circense.
Susurran las esquinas voces sordas,
oyen las orejas patrañas gordas,
dicen nuestros labios la imagen clara
del sinsabor de las mentiras caras.

Así es que, en nuestra piel ya erizada,
sentimos el olor de la llamada
para sacarnos la espina clavada
que corre ya por las venas de tantos:
al final resultará que eran santos
los que proclamaron las verdades
a las que hoy, en todas las ciudades,
los hechos y los datos ya desnudan
cegando *el ojo* de los que aún dudan.
Quizá resultará que no eran locos
ni conspiranoicos aquellos pocos
que admitieron ver error en la versión
oficial que apareció en televisión
desde el día en que el metal por la sangre
fluye como en el mar lo hace el palangre.

¡Se ha prendido en el firmamento una luz,
y abre en el horizonte *al alba* una cruz!
Viene esa verdad por siempre aclamada
alzando en su aurora una llamarada,
y en los Cielos escuchan la llamada
los que por *la única* patria amada
dejaron de preguntarse con saña
cuál es la respuesta al «por qué es España».
¿Qué habremos de hacer si viene la Muerte?
Ponerla ante un espejo, ¡y Muerte inerte!
Pero al que ayer le faltó la entereza
tendrá que crearse una fortaleza,
pues pudiera ser que por sus arterias,
mañana, fluyan no sólo bacterias,
sino algo como un metal diminuto,
capaz de pesar también el minuto.
Dicen de ese amanecer que el motivo

nació para que propagara *el vivo*
que en este gran milagro que es la vida,
del poder, la voluntad más temida,
será la de los que alienten con su amor
a los que no ven más allá del dolor.
Querrán preguntarse «¿por qué es España?»,
y por sus venas correrá la saña
que verá en sus ojos el Pueblo entero.
Pero serás *tú*, siempre caballero,
al que las mujeres en un rugido,
al que la inocencia en su balido,
al que el arte en un atronador clamor,
seguirán hacia el arrebol superior,
allí, donde los sueños que olvidamos
en común, verán como los miramos
y de un soplido, amando las horas,
veremos por qué *tú* el Cielo doras.

Querrán preguntarse «¿por qué es España?»,
y no obtendrán respuesta, pues la saña
en tanto que el furor ciego alimenta,
contra el espíritu de uno mismo atenta.
Se preguntarán por qué en esta tierra
la Gloria, si no se obtiene por guerra,
habrá de conquistarse por las letras:
no sabrán por qué *el* umbral *tú* penetras,
de los Cielos y la sabiduría,
por qué es que en *El trono del Mediodía*
te sientas a contemplar las estrellas,
y sabes que desde aquí son más bellas
porque desde fuera sus ojos brillan
cuando desde aquí las estrellas miran.
Pero eso lo sabes por voz ajena:

es por eso que hoy una honda pena
acaricia tus meollos al tú ver
la vida desde otro parecer cualquier.

¿*Por qué* es España, pues, si en nuestra cumbre,
en verdad, dan las montañas más lumbre
que toda la sabiduría habida,
en toda la poesía reunida
del Siglo de Oro, al Pueblo luz le otorga?
Quiero pensar que da igual si catalán,
si vasco, gallego, maño o andaluz,
que siempre será la *inapreciada* luz
que los de casa jamás alabarán
con la que los otros pueblos soñarán,
haciendo, de un hogar de gente buena,
país donde *la guerra* sea la cena
de mundos que al parecer existirán.
Así que, ya que somos diferentes,
seámoslo de verdad y amémonos,
que entre el cura y el sermón haya espacio,
que odas canten a los que aman despacio,
que el arte y la pasión una a las gentes:
al amor por fin abandonémonos.

Cantan por doquier fantasmas o el ayer,
dicen, ¡viva España!, pero no es mujer.
Arrecia el viento con su melodía:
dice haber amor, pero no alegría.
¿Qué habremos de hacer si viene la Muerte?
Ponerla ante un espejo: ¡y Muerte inerte!

¡Y cantan por doquier los ancestros ya!
¡Su voz enarbola desde el más allá

el rugido *al alba* al son de la canción
que trae en su melodía la ocasión!
Será el Pueblo quien la cuerda destense,
poniendo fin a *esta* función circense.

¡Se ha prendido en el firmamento una luz,
y abre en el horizonte al alba una cruz!
Viene esa verdad por siempre aclamada
alzando en su aurora una llamarada,
y en los Cielos escuchan la llamada
los que por *la única* patria amada
dejaron de preguntarse con saña
cuál es la respuesta al «por qué es España»:
pues porque no hace falta ser canciller
para ver que España *debe a la mujer.*

Sobre el autor

Israel Selassie (1991, Girona). Estudió periodismo en la Universitat Autònoma de Barcelona y formaría parte, años más tarde, de la novena promoción del Máster en Creación Literaria de la Universitat Pompeu Fabra–Barcelona School of Management (UPF-BSM), donde dará forma a su estilo de la mano de Jorge Carrión, Josep María Micó y Valerie Miles, entre otros.

Tras una experiencia espiritual de carácter hierofánico y catártico vivida en 2012, acaba la carrera de periodismo con el objetivo de escribir como vehículo para ayudar, empoderar y contribuir como respuesta al propósito que surge en él, fruto de esa vivencia. Periodista de profesión, trabaja en varios medios, agencias y productoras, alterándolo con la escritura de artículos en salud mental.

Activista y vinculado al sector social y sanitario, actualmente trabaja en varios proyectos para hacer que los usuarios expertos en salud mental sean una realidad reconocida y remunerada públicamente en toda Europa junto a varios organismos internacionales (OMS, Brogan Consultancy o Mental Health Europe, entre otros). Del mismo modo, participa como militante en el estudio internacional coParticiPA (2024 -2026), donde profesionales y usuarios del sector social trabajan para mejorar la participación de os usuarios en los servicios sociales.

Después de varias publicaciones menores, en 2020 publica su primera novela, *Liberadlo ya* (Editorial Adarve). *Al alba* es su primer poemario publicado. Su sueño es ser el abuelo que nunca tuvo.

2025
Impreso en Buenos Aires,
Buenos Aires Poetry
www.editorialbuenosairespoetry.com